U0639157

国家出版基金项目
NATIONAL PUBLICATION FOUNDATION

他们鉴证了文明

非遗传承人故事 上

国家图书馆中国记忆项目中心 编著

天津出版传媒集团

天津人民出版社

百花文艺出版社

图书在版编目（CIP）数据

他们鉴证了文明.第一辑.非遗传承人故事.上 /
国家图书馆中国记忆项目中心编著.-- 天津：百花文艺
出版社：天津人民出版社,2023.6
ISBN 978-7-5306-8478-8

Ⅰ.①他… Ⅱ.①国… Ⅲ.①非物质文化遗产—中国
—文集 Ⅳ.①G122-53

中国国家版本馆CIP数据核字(2023)第116993号

他们鉴证了文明（第一辑）：非遗传承人故事（上）
TAMEN JIANZHENG LE WENMING（DI-YI JI）：FEIYI
CHUANCHENGREN GUSHI（SHANG）

国家图书馆中国记忆项目中心 编著

出 版 人：薛印胜
总 策 划：刘 庆 杨 舒　　策划编辑：赵子源
责任编辑：魏 青 范 园　　装帧设计：王 烨 汤 磊 姚立扬
出版发行：百花文艺出版社
地址：天津市和平区西康路35号　　邮编：300051
电话传真：+86-22-23332651（发行部）
　　　　　+86-22-23332656（总编室）
　　　　　+86-22-23332478（邮购部）
主页：http://www.baihuawenyi.com
印刷：河北鹏润印刷有限公司
开本：787毫米×1092毫米　1/16
字数：330千字
印张：23.5
版次：2023年6月第1版
印次：2023年6月第1次印刷
定价：139.00元

如有印装质量问题，请与河北鹏润印刷有限公司联系调换
地址：河北省沧州市肃宁县宏业路一号
电话：0317-7587755

版权所有　侵权必究

主　　编　田　苗

执行主编　郭比多

副 主 编　韩　尉　戴晓晔

分卷主编　杨秋濛《非遗传承人故事(上)》

　　　　　张　琛《非遗传承人故事(下)》

　　　　　王春丽《非遗公开课》

本卷主编　杨秋濛

本卷作者　田艳军　全根先　史建桥　李东晔

　　　　　　邢　超　田　苗　戴晓晔　章　遥

　　　　　　刘东亮　张　宇　刘芯会　杨秋濛

　　　　　　毛梦鸥　杨宵宵

微信扫描二维码观看
国家级非物质文化遗产代表性传承人记录工作成果
纪录片

民间文学
古渔雁民间故事 / 刘则亭
四季生产调 / 朱小和
河西宝卷 / 乔玉安

传统音乐
蒙古族长调民歌 / 巴德玛
吟诵调（常州吟诵）/ 秦德祥
侗族大歌 / 潘萨银花
侗族琵琶歌 / 吴家兴
佛教音乐（天宁寺梵呗唱诵）/ 松纯
冀中笙管乐（子位吹歌）/ 王如海

传统舞蹈
秧歌（昌黎地秧歌）/ 秦梦雨
苗族芦笙舞（滚山珠）/ 王景才
井陉拉花 / 武新全
花鼓灯（凤台花鼓灯）/ 邓虹
塔吉克族鹰舞 / 库尔班·托合塔什

传统戏剧
木偶戏（邵阳布袋戏）/ 刘永安
婺剧 / 郑兰香
歌仔戏 / 纪招治
彝族撮泰吉 / 文道华
傩戏（德江傩堂戏）/ 张月福
曲剧 / 王秀玲
湘剧 / 曾金贵
皮影戏（凌源皮影戏）/ 刘景春
皮影戏（腾冲皮影戏）/ 刘永周

曲艺
汉川善书 / 徐忠德

微信扫描二维码观看
国家级非物质文化遗产代表性传承人记录工作成果
纪录片

传统体育、游艺与杂技
摔石锁 / 沈少三
口技 / 牛玉亮

传统美术
朱仙镇木版年画 / 郭泰运
杨柳青木版年画 / 冯庆钜
剪纸(医巫闾山满族剪纸) / 汪秀霞
漳州木偶头雕刻 / 徐竹初
衡水内画 / 王习三
泥塑(杨氏家庭泥塑) / 杨栖鹤
石雕(泽库和日寺石刻) / 贡保才旦
热贡艺术 / 西合道
剪纸(乐清细纹刻纸) / 林邦栋
青田石雕 / 倪东方

传统技艺
玉屏箫笛制作技艺 / 刘泽松
茅台酒酿制技艺 / 季克良
绍兴黄酒酿制技艺 / 王阿牛
平遥推光漆器髹饰技艺 / 薛生金
碉楼营造技艺(藏族碉楼营造技艺) / 果洛折求

传统医药
传统中医药文化(鹤年堂中医药养生文化) / 雷雨霖
中药炮制技术(四大怀药种植与炮制) / 李成杰
中医诊法(张一贴内科疗法) / 李济仁、张舜华
藏医药(七十味珍珠丸赛太炮制技艺) / 桑杰

民俗
水书习俗 / 潘老平
羌年 / 王治升

惟文有续　故思无邪

　　是谁首次吹响了贾湖骨笛上的五声音阶？是谁绘制了仰韶陶器上第一幅的红彩图案？我们不得而知。但我们知道，作乐的人叫伶伦，造字的人叫仓颉。当眼前出现《贵妃醉酒》的影像，我们知道那是梅兰芳的芳华；当耳畔响起《二泉映月》的录音，我们知道那是阿炳的绝唱。

　　我们知道，是历史上所有知名和不知名的先辈，创造了中华民族伟大的文化，并通过一代又一代的坚守，将中华文脉传承至今，形成了磅礴灿烂的非物质文化遗产。

　　我们还知道，如果孔子当初没有历尽艰苦辑录各地民歌，我们今天就无法读到《诗经》中的"十五国风"；如果杨荫浏先生没有在 1950 年提着钢丝录音机寻访到阿炳，我们今天也就无法听到《二泉映月》的千古绝响。对非物质文化遗产的记录，与非遗的活态传承同等重要。非遗的建档记录工作，是非遗保护的基础性工作，是确保非遗存续力的重要措施。

非遗的建档记录，让非遗从活态变为文献态，不仅能传之千年，还能化身千百，使之成为全民族乃至全人类共同享有的文献资源；非遗的建档记录，还能够反哺非遗活态传承，记录行为提升了社区对自身所持有遗产的认同感，记录成果为人们学习、研究和传承非遗提供了资料，也为依托非遗进行创造性转化、创新性发展提供了资源，从而让非遗更好地服务当代人的生产生活，促进不同文化背景的人们互赏互鉴，助力全人类的可持续发展。

自2015年开始，我国启动了非遗记录工程。这是一项全国性的非遗保护基础性工作，其目的是对所有国家级非物质文化遗产的代表性项目与代表性传承人进行系统、全面、持续的建档记录。作为该工程的重要组成部分，国家级非遗代表性传承人记录工作旨在对传承人进行影音图文的全面文献记录。这是一项和时间赛跑的工作——要抢在传承人年华老去之前，将其身上的技艺与心中的记忆保存下来。自2007年开始，我国文化主管部门先后认定了五批国家级非遗代表性传承人。截至2022年，国家级非遗代表性传承人共三千零五十七位。国家级非遗代表性传承人记录工作自启动以来，截至2023年上半年，已开展二千一百余位、完成一千零四十位传承人的记录工作。这些记录成果将永远保存在国家图书馆和有关单位，作为非遗建档记录的中国实践，在人类遗产宝库中持续闪耀出中国智慧。

自2015年开始，我和国家图书馆中国记忆项目中心的同事有幸与全国的非遗保护工作者一起，参与到这项振奋人心的事业中来。多年来，我们见证了非遗记录工作的初创与发展，见证了一位位非遗保护工作者的热情与艰辛，见证了一位位传承人年华的老去，也见证了留存在记录成果中传承人不朽的芳华。他们是中华文化的传承者，也是中华文明的守护人。他们承载着文化，他们鉴证了文明。

2020年，疫情袭来。在全民抗疫的日子里，我们一直在思考该用怎样的内容安抚人们的内心，鼓舞人们的斗志。最终，我们决定选取当时已经完成验收的记录成果中四十七个优秀项目，参考其中内容编写成四十七篇传承人的故事，并从2020年3月开始陆续发表在国家图书馆微信公众号上。在当年的文化和自然遗产日期间，我们还邀请到十一位非遗保护领域的权威学者，对记录成果进行了解读，形成了一套共二十讲的非遗影像公开课。此次结集出版的三本图书，正是上述两部分工作。

为什么要编选《诗经》？孔子的答案是"思无邪"。对传统文化的记录与保存，最终目的是保存人们心中的善良与纯真，留住人们心底的那份温情、那份感动。让我们的孩子，还能吃上小时候姥姥给我们包过的饺子；让我们的孩子，还能听到爷爷曾经讲给我们的故事。当他们游戏玩耍的时候，仍能唱起我们儿时哼唱的歌谣；当他们仰望星空的时候，还能认出哪颗是牛郎星，哪颗是织女星。今后，我们将继续做好非遗记录工作，并进一步推动记录成果的保存、服务与转化。让曾经感动我们的，继续感动我们的后代；让曾经塑造我们的，继续塑造我们的未来。让每一代中国人都能记住：中国是这样的，中国人是这样的。

年华易老，技忆永存。

惟文有续，故思无邪。

田　苗

2023 年 6 月

于国家图书馆学津厅

目 录

壹

民间文学

贰

传统音乐

叁

传统舞蹈

肆

传统戏剧

他们鉴证了
文明（第一辑）

非/遗/传/承/人/故/事
（上）

伍

曲艺

民间文学

老人与海：

刘则亭与古渔雁民间故事

杨宵宵

刘则亭

刘则亭(1944—2023),辽宁省盘锦市人,国家级非物质文化遗产代表性项目古渔雁民间故事代表性传承人。刘则亭是古渔雁的后代,从小就在祖父、外祖父、父亲、母亲及老一代人那里听取了大量古渔雁的民间故事,并从1970年开始有意识地进行收集、整理与记录,先后出版了《渔家的传说》等书籍。他能讲述五百多则古渔雁民间故事,语言生动质朴,并穿插一些渔歌、号子,以增强故事的表现力。他还注重收集船锚、海碗等实物,使古渔雁民间故事有可依托的物质载体,并以此为基础,成立了辽河口古渔雁文化遗产博物馆。

大海孕育了万物
利而不害　为而不争
大海有一肚子的故事
只讲给海边的人听

波光粼粼的时候　是微暖的故事
汹涌澎湃的时候　是惊险的故事
灯火摇曳的时候　是神秘的故事
满载而归的时候　是喜悦的故事

故事里有鱼　有虾
有大海中的万千精灵
故事里有风　有浪
有夜航时的满天星星

海边的老人
看了一辈子的海浪
吹了一辈子的海风

海边的老人
把大海的馈赠
讲给我们听

渔雁和他们的故事

辽河从河北发源,途经内蒙古、吉林、辽宁,蜿蜒千里,最终在辽宁盘锦注入渤海。盘锦二界沟的海滨渔场冬天水面会结冰,海滩是泥质的。其优越的地理环境特别适合小鱼小虾和各种蛤类的生存,因而此处的天然渔场自古就吸引着那些没有深海捕捞能力的渔民,他们在浅滩上赶海挖蛤,被称为赶海人。

他们循着祖辈的足迹,沿袭着远古的捕鱼方式,在水陆边缘追寻鱼汛。他们春天赶来,深秋返回,像候鸟一样成群迁徙。辽河口的老百姓称他们为"渔雁",走海路的叫"水雁",行陆路的叫"陆雁",辽河口海域的二界沟就是这些渔雁的落脚聚集之地。古渔雁民间故事,正是渔雁群体流传下来的口传叙事,承载着这个特殊群体对祖先和大自然的崇拜,以及他们生产生活的各种习俗。

古渔雁故事:二界沟三种宝

盘锦二界沟,人们吃完蛤蜊所扔掉的壳,日积月累,也不知过去了多少年、多少代,蛤蜊皮子都堆成了山,后人用其来垫房身、垫路。可以说,二界沟到处都是蛤蜊皮子。早年间,入冬前,二界沟的船上坞,就是在大潮眼的时候将船抢上滩。到开春的时候潮水浅,船下坞时需要人往沟里拉。拉船的时候,船两边的人用缆绳往下拽,人们还往船底泼水,有一个人喊号子,喊号子的词都是随口编的。

有一天,拉船喊号人随口编的号子被叫响了。喊号人当时怕新来的渔民拉船时因害怕蛤蜊皮子扎脚,不用心使劲儿拉船,于是就喊出了:"二界沟,一种宝哟,蛤蜊皮子不扎脚哟。"为了激起人们拉船的劲头,又喊出了:"二界沟,二种宝哟,大姑娘个个长得好哟。"接下来喊:"二界沟,三种宝哟,盐碱地上长红草哟。"没承想,喊号人喊出的这三句号子,居然在二界沟传得家喻户晓。

从小就爱听故事

刘则亭出生于河北省白洋淀文安洼的一个渔雁之家,祖祖辈辈在辽河口一带打鱼。他们春天来,秋天走,去到海河口,入大清河,再到白洋淀东淀,等辽河口的冰一开化再回来。

刘则亭自小跟着大人在文安洼至辽河口一带打鱼,对他来说,船就是永久性住房。没有船的渔民到了冬天就盖土房,有船的渔民把船用晒干的土埋起来,干土不封冻,冬天也冻不了,等到一开春,把封船的土刨开,就又下海打鱼了。

直到十四岁那年的秋天,刘则亭一家才定居盘锦二界沟。刘则亭儿时的大部分时间是在海上度过的,在船舱里听波涛汹涌,看潮起潮落,长辈们随口说起的渔家故事成为照亮海面的点点星光。刘则亭的姥爷故事讲得最好,会得最多。刘则亭小时候不仅爱听,还爱讲。当时在船上,同龄的小孩儿都爱听他讲,有的时候听着听着忘了下钩,忘了起网,为此经常挨家里大人的打。即使这样,阴天下雨、等潮等船的时候,小伙伴们还是聚在一起听刘则亭讲故事。刘则亭说:"姥爷跟我说过很多次,讲的这些东西,你记住就行了。以后做人做事,有用。"姥爷的话,刘则亭打小就记在心间。

古渔雁故事:梭鱼为什么吃泥

老话说,夏至不吃梭。这是因为夏至的时候梭鱼带个大泥肚子,肉又松。

梭鱼的大泥肚子是怎么来的呢？据说,当初梭鱼在大海里游得最棒,来去穿梭得飞快,连龙王也夸它好水性。哪知梭鱼不经夸,从此对海里的长辈不尊敬,对同辈瞧不起,真是腰里别扁担——横晃。有一年夏至,海里的白眼、江猪、带鱼等比赛谁游得快,梭鱼瞅瞅大家,骄傲地说:"诸位听着,我梭鱼闭上眼睛游,你们也追不上。"

大家心里都对梭鱼的傲气不服,鼓腮吐泡,谁也没理睬它。此刻,龙王正化作小金鱼,在一旁听着,也为梭鱼的傲慢生气。于是小金鱼在一边插话说:"好吧,那就梭鱼先游吧,看谁游得快。"

听小金鱼一说,梭鱼身子一抖,闭上眼睛,向大海深处游去。化作小金鱼的龙王忽然移来一片浅滩,出现在梭鱼前面。梭鱼正在张嘴换气,一下被冲上滩,冲劲儿过猛,呛了一嘴泥不算,连肚子里也塞满了泥沙,泥滩上留下一条深沟。事后梭鱼知道是龙王在教训它,从此再也不敢骄傲自满,看不起大家了。打那次呛泥后,梭鱼便以吃泥为生,身子又长又瘦,眼见就要瘦死了。有鱼到龙王那里讲情,说是梭鱼学好改正了,还是别让它吃泥了吧。龙王听罢,知道梭鱼改了错,这才在泥的前面封了个"油"字。就此,梭鱼又改为吃油泥了。不过龙王怕梭鱼再骄傲,所以每年夏至这一天,还让它吃一顿泥。故一到夏至,梭鱼的肚子里还是装满了泥。这就是梭鱼吃泥的故事。

渔雁故事的特点

渔雁孩子的成长期大都在船上度过,不像在陆地上定居的孩子能按部就班地上学,系统地接受学校教育。可是,别看在船上长大的孩子没有上过学,但很懂渔家的规矩,航海、观天、下网、选渔场,样样都会。这些是长辈们传授的,也是古渔雁民间故事的组成部分。孩子的世界认知、文化建构,就是通过口传心授的方式,在潜移默化中形成的。古渔雁民间故事的内容有很强的务实性,很多是生产生活的经验总结,有对海洋生物的认知,也有对出海技艺的记录,是渔民智慧的结晶。这些故事也体现了渔民对生活的态度,暗含着渔民对生命的敬畏之心。

古渔雁故事:渔民爱鸟

古渔雁在海上打鱼或是走船,从来不伤害海鸟和陆鸟,这已成为习俗。有的鸟在海上一旦遇上风天雨天,一群群地叫着,东飞飞,西窜窜,很想找个可以歇脚、遮风挡雨的地方。此刻,若是遇到一条渔船,它们会像遇见陆地和山岛一样,呼啦啦落上去,顷刻间渔船竟变成一条鸟船。有时候就连渔民身上都落上了鸟,而且渔民在走船干活的时候,鸟也不飞,因为鸟太累了。要不是遇上船,鸟就得掉到大海里没命了。很早很早的时候,盘锦二界沟古渔雁渔民,就有不伤害鸟的习俗。

古渔雁民间故事不只是告诉晚辈每种生物的习性,更重要的是教会晚辈与这些生物的相处方式。在古渔雁民间故事中,人类是大自然的一环,在自然面前,要保持谦卑与敬意,像爱自己一样,爱护大自然中的每一个生命。

在刘则亭的印象中,船上没有炕,长辈都是在干活、睡觉、吃饭的空当随意说一两个故事。"天上飞的海鸥叫老鸹,有人来捡货,老鸹也吃货。老鸹知道谁是管这个场子的人,你要是一个外来的或者也是捡货的,老鸹来吃货,要是你轰老鸹,老鸹不跑,那说明它知道你不是负这个责任的,等到那个管场子的人来了一喊,老鸹听了马上就跑。"三言两语,一个故事就结束了,像是茶余饭后的唠嗑、解闷。

古渔雁故事不同于农耕文明背景下形成的故事,它有丰富的情节变化,充分透露着生活中的喜怒哀乐。如果说农耕文明的故事诞生于田间地头,午后阳光正浓时,是人们消暑乘凉的一种乐趣,那么渔雁文化的故事则漂荡在波涛海浪间,为紧张的海上生活增添了一丝轻松与快乐。

刘则亭在海边讲故事

听得越多，讲得也越多

从小，刘则亭每听一个古渔雁故事，就记在心里。故事听得越来越多，他讲得也越来越多。刘则亭到船上打鱼以后，老船长也爱听他讲故事，愿意跟他唠嗑儿。当时，刘则亭负责做饭，火舱空间狭小，锅碗瓢盆放进来，想睡觉就只能坐着睡了。老船长为了舒服把一条腿伸过来占点儿地方，刘则亭就跟他说："大叔，你这腿要再伸过来，我就不给你讲故事了。"老船长就赶紧把腿缩回去，结果腿还被舱板刮破了。

刘则亭不仅爱讲故事，有时候情绪来了还能来两句数来宝或一首小诗。有一次打鱼，打上来的都是大八爪鱼，刚一打上来，八爪鱼非常欢实，爪子来回跳，一边跳一边吐墨。当时刘则亭就用八爪鱼吐出来的"墨汁"在船上写了一首小诗：

　　红日发出金丝缆,拴住碧海千张帆。

　　拉起银网鱼虾跃,丰收歌儿载满船。

　　船长刚听完就给了刘则亭一个大耳光,一下就把鼻子打出血了。原来,船上有个忌讳,"帆"和"翻"同音,是非常不吉利的。刘则亭于是把这首小诗改了一下:

　　红日发出金丝绳,拴住碧海千张篷。

　　拉起渔网鱼虾跃,丰收歌儿伴春风。

　　船长马上就喊:"好!"这个时候,正好打上来一条大鲈子鱼,船长一高兴,就让大家把鲈子鱼炖着吃了。

　　刘则亭不仅自己讲故事,还鼓励大家讲故事,他告诉大家,讲故事不是为了教育别人,而是为了相互"引故事"。一个故事讲完了,听的人说"不对不对,跟我听的不一样",他又讲一个,这样来来往往,故事越来越丰富,还彼此关联。随着年龄的增长,刘则亭会讲的故事越来越多,渐渐成了渔雁们的故事大王,也成了国家级非物质文化遗产代表性项目古渔雁民间故事代表性传承人。

　　20世纪80年代,全国兴起民间文学集成,刘则亭经常和老伴儿邵秀荣一起出去采集故事,有一次还跟船去了深海。那次是贾洪亮邀请夫妇二人到深海去。贾洪亮是书记又是船长,最爱听刘则亭讲故事。他们一边走着,一边说着,过哪块儿滩头,就讲哪块儿滩头的来历。刘则亭还给贾洪亮讲海水有多少种颜色,浪花有多少个品种,什么地方有鱼虾,什么地方没有鱼虾。刘则亭说,天上的云彩和海里的鱼虾有关系,就像树底下总有人猫着乘凉一样,不同的云彩遮住的海底下也有不同的鱼虾;还有,无论下什么样的雨,如小雨、细雨、暴雨,海里就对应有什么样的鱼虾;再有,下雪、刮风的时候海里有什么样的鱼虾。刘则亭还给贾洪亮讲了一个渔王的故事:"一下雪,面条鱼就没有了,有一个渔王带领大家打鱼,他让大家赶紧下网打面

1988年刘则亭(右二)在船上给渔民讲故事

条鱼,打到了面条鱼,晒干了,等冬天没有鱼的时候吃。有人就不理解,觉得面条鱼有的是,给它晒干了挺费事的。结果,等到下过雪之后,面条鱼就真没了,当时人们就服了。"

遍访故事大王

大约从1970年开始,刘则亭就陆陆续续地拜访当地的故事大王,搜集古渔雁故事。其中有一位补网的老网东①,是当地有名的故事大王,刘则亭找到他的时候,老人已八十多岁,干不了活了。刘则亭陪了老人半年多,没事儿就去找老人唠嗑儿,

①网东:拥有网和船,组织渔业活动的人,被称为网东。

得知老人一个人住，生活上难免有些吃力，就叫着老伴儿邵秀荣一起去，帮着老人拾掇房间、洗被子、买药，照顾生活起居。老人身体允许的时候就给刘则亭讲故事，有时候刘则亭也把从姥爷那听来的故事讲给老人听。有一次，刘则亭提到二界沟有四脸仙结拜的故事，四位神仙分别是红脸、白脸、黄脸、黑脸。老人恰好知道这个故事，还补充了不少内容，他说"是有这个结拜，有时候正抬着货"，就是夜间出潮回来抬货，在月亮底下，看见他们在结拜，结果人们一进院子就没了。老人说得活灵活现的。

　　还有一位老人，叫杨瑞芳，也是个老网东。他对渔网的研究特别专业，对各种网的来历、特点，知道得特别多。他告诉刘则亭："你看现在织的那个网，有网疙瘩，以前那个网线粗，疙瘩大，这一排网有多少头儿，有多少网眼儿，都是有数的，所以后来，网疙瘩就变成算珠了，算盘正是四四方方张开的一排网。"杨瑞芳老人知道的故事特别多，记得特别清晰，刘则亭给他讲以前收集的故事，他都能说出对与不对，并帮助补充细节或加以解释。小时候，刘则亭就听姥爷说火是一种渔具，当时不理

刘则亭（右三）向当地渔民收集古渔雁民间故事

解,也没多问,时常想起,还是觉得水火不容,不知道怎么做渔具。杨瑞芳老人告诉刘则亭:"原来渔民不是拿火来取暖,也不是烧东西吃,而是用火打鱼。你看现在,要是晚上在海边掌一盏灯,点上火把,边上埋个缸,那螃蟹马上就爬进缸里来。"刘则亭立刻就想起来,现在还有用灯光围网的呢!在海上、在海边,火确实是一种渔具。

像杨瑞芳这样的故事大王其实并不多。刘则亭说:"半年可能也就找到一位。很多渔民在海上干了一辈子,刚上船的时候干啥,这一辈子就干啥。这样的人能有百分之八九十。当船长的能说会讲、记忆力清晰的不是很多。"每一位赶海人都会说故事,但能把故事的来龙去脉讲清楚,熟悉故事背后渊源的是少数。在这些渔民的帮助下,刘则亭还原了渔雁从文安洼到辽河口的迁徙路线,每一站都有流传下来的渔雁故事。渔雁群体一直是个边缘化的弱势群体,一代代的迁徙足迹没能在文献中得到呈现。如今,在刘则亭的努力下,一张地图、一千多张照片和上百个故事,恢复了世代赶海人珍贵的记忆。

书写文化史档案

捕鱼生活艰苦多难,淤泥黏厚,风浪无情,渔雁们管自己叫"干埋汰活儿的",老辈人说"死了还没有人埋",说的就是出海随时可能遇到的不测。在过去,渔雁的社会地位是最低的,渔民经常赤裸着上身在海上作业,风吹日晒、身上结痂干裂,到了冬天才穿上衣服,所以过去有"和弄咸水儿的""光腚海儿"等说法。

刘则亭回忆说,小时候在渔村看野台子戏,那是渔村少有的热闹场面。戏台下拉起一根大绳子,所有的渔雁都得在六十米之外的绳子后看戏,六十米之内是给其他生计群体看戏的地方,属于穿衣服干活的人。那些开网铺有钱的人在前面看,他们这些赶海的渔雁只能在绳子后面看,因为有人说他们身上有那种鲁气。这样约定俗成的社会分层,长期存在于渔雁和陆地居民之间,最底层的社会身份让渔雁们脱离了大众的视野。如果没有刘则亭对渔雁文化的收集与研究，我们很难知道有这样一群赶海人，更无从想象他们的生活。

鱼虾七成粮，渔雁们一年的口粮以海上的鱼虾为主。过去的虾特别大，吃的时候都无处下口，得先从旁边咬一口，才能够放进嘴里吃掉。早期的渔雁拥有这样优质的资源，怎么会贫穷？怎么会处于社会的底层呢？其实，早年的二界沟全是泥洼地、翻浆路，没有一条像样的路，所有的东西都要靠手抬肩扛，靠一个个篓筐运送。海鲜不易保鲜，在缺少保鲜技术和运输方式的时代，再多再丰富的海产品也很难换到其他生活必需品。

对刘则亭来讲，搜集、研究古渔雁民间故事是他的兴趣，也是他的使命。他有个习惯，喜欢搜集资料，只要是感兴趣的东西，就一定要弄个明白，而且对渔雁文化、二界沟、文安洼又怀有特别的感情。刘则亭的老伴儿邵秀荣，一辈子都支持丈夫的文化传承事业。她一直为渔雁群体拍照，其中有一千多张黑白照，大多是在20世纪70年代拍摄的。夫妻二人在家里建立了档案室，整理、装订成册的档案和资料

刘则亭的老伴儿邵秀荣

大约有一千卷,记载着二界沟的文化历史。

2004年,刘则亭开始大规模搜集跟古渔雁相关的旧物。在他的档案室有上千件渔雁实物史料,如生活器皿、渔捞用具,体现着渔雁文化的方方面面,其中光是樯木就有好几百根。

在刘则亭的收藏品中,有二十几块压舱石,这是老一辈渔民常用的东西,后来没人用了,就都扔到海里、滩上了。这些石头是刘则亭从贝壳堆里捡来的。传说压舱石是女娲补天剩下的石头,给渔民压舱使用,是渔民的镇船之宝,能镇妖驱邪,让航船不走偏。压舱石分两种,一种是天然的,一种是雕刻的。天然压舱石的形状往往比较有趣,渔民会用它的形状命名,比如一块像龙的鹅卵石,就是龙压舱石;像虎的,就是虎压舱石。雕刻的压舱石是经由工匠雕刻之后,放到船上的。比如不少渔民想要保平安,就选一块石头请工匠雕刻成庙宇的样式,这就是庙宇压舱石。压舱石在船上是必需品,船越大,压舱石越多,这样顶着浪头走的时候,船才能平稳。压舱石很多,但一艘船上能称为镇船之宝的只有一块,通常选择好的寓意来命名,然后代代相传。刘则亭收集的压舱石中,有几块是陆地上老百姓用来洗衣服的石头,四四方方,渔民拿来,管它叫四平八稳压舱石。船稳了,心也就稳了。

刘则亭还买下了两条打樯的船。当时二界沟就剩下这两条打樯的船了,是从老祖宗那传承下来的船型。当时买来的时候,连带船里的淤泥,一共有五六十吨,淤泥清除后,整条船还剩下三十六吨。这两条船因为是旧船,如果不买下来,就会被当成劈柴劈了烧了,刘则亭就买下来,让孩子找吊车把船运走了。有很多古渔雁的故事发生在船上,"七飞八跑"、二十四节气、十二属相,船上各个部位的名称都有相对应的故事,如果失去了这个平台,很多故事的依托物就没有了。保护老祖宗留下来的船,也是保护几千年来老祖宗的经历和记忆——古渔雁的经历和记忆。

这两条船运回家后,其中一条已经支起来了,为了防止雨淋,年年还要上桐油。另一条船2016年还没有支起来,但是以前的木料非常好,露天放着也不会腐烂。

1990年3月,刘则亭的第一本故事集《渔家的传说》出版了。这本书里百分之八十的故事都是刘则亭听姥爷讲的，还有一部分是听老渔民讲的。古渔雁故事目前出版了四本：《渔家的传说》《辽东湾的传说》《渔家风物民俗史话》《古渔雁民间故事精选》。变成铅字的故事有八百多个，有公开过的，也有没公开过的，此外还有一些提纲性的故事梗概，加起来有一千二百多个故事。古渔雁民间故事包含大量的渔业知识：鱼汛、生产、物候和节令等，这些知识平常散落在日常生活中，靠着讲故事的方式代代流传。

　　南来北往的渔船虽已不再有，但古渔雁的故事并未随海风逝去。刘则亭作为渔雁的后人，生前不遗余力地延续着渔雁文化，一千多件渔雁实物，上万张老照片，一屋子的文献材料，都在诉说着古渔雁的故事。刘则亭常说："只要我们不忘记祖辈的故事，我们民族的根就还是那样地深。"

唱出来的百科全书：

朱小和与四季生产调

李东晔

朱小和

　　朱小和(1940—)，哈尼族，云南红河人，国家级非物质文化遗产代表性项目四季生产调代表性传承人。朱小和从小跟随爷爷学习四季生产调,后受教于当地其他歌手。朱小和的演唱吐字清晰、唱腔圆润,富有强烈的感染力,在红河哈尼族彝族自治州元阳、红河、绿春、金平、建水等地享有盛誉。其主要代表作品有:四季生产调、哈尼阿培聪坡坡、哈尼民族古歌等。

萨啊咿——

尊敬的父老长辈

亲爱的兄弟姐妹

只有祖先传下来的古话

没有长生不老的祖先

规矩是先祖们定下的

年轮是先祖们算出的

祖先的古话像石头油般珍贵

祖先的古话如筋脉一样要紧

——哈尼族《四季生产调·引子》

梯田与歌谣

　　云南有二十五个世居少数民族,是我国少数民族最多的省份,其中十五个民族为云南省独有,哈尼族就是其中之一。哈尼族主要分布在红河哈尼族彝族自治州、西双版纳傣族自治州、普洱市和玉溪市等地,其中又以红河州为最。哈尼族相信万物有灵,崇拜自然,崇尚祖先的智慧,创造并传承了独特的民族文化。哈尼族民间文学内容丰富,形式多样,四季生产调就是其中一种广泛流传于红河哈尼族彝族自治州红河、元阳、绿春、金平、建水等地颇具特色的民间文学样式。

田间地头传承四季生产调,朱小和(中)

火塘边传承四季生产调,朱小和(中)

哈尼族在历史上没有自己的文字,但是在漫长的历史过程中,围绕梯田耕作等生产生活方式,哈尼族人民建立起了自己独特的知识体系,并将这些宝贵经验提炼为通俗易懂的歌谣,即四季生产调——用口传心授的方式,在火塘边、酒桌上或田间地头,一代一代地讲述与传承,让传统的哈尼族农耕文化得以延续至今。世代相传的四季生产调是哈尼族生产生活方式的总结与传诵,包含着哈尼族人民的勤劳和智慧,被哈尼族人民视作百科全书。

传说,四季生产调最早出现在唐代。尽管我们目前看到的四季生产调有多种版本,但主要内容都是一样的。哈尼族学者白祖额等人搜集、整理并翻译的四季生产调,约一千六百七十行,包括引子、冬季、春季、夏季和秋季五个单元。引子系歌手正式开始演唱四季生产调之前的开场白,用四十一行语言生动的歌谣,强调祖先立下的规矩,强调流传下来的这些宝贵经验对于哈尼族的生存所具有的意义。其余四个部分按季节顺序,从十月开始讲述梯田耕作的程序、技术要领,以及与之相对应的天文历法知识、自然物候变化规律、节庆祭典知识和人生礼仪规范等。2006

年5月20日,四季生产调列入首批国家级非物质文化遗产代表性项目名录。2013年6月22日第37届世界遗产大会,红河哈尼梯田列入世界遗产名录。梯田与歌谣,共同见证着哈尼族的历史与现实。

四季生产调属于哈尼族古歌哈巴①的一种,意思是"沿着祖先开辟的路子走"。四季生产调一般由一人演唱,演唱时没有乐器伴奏,也没有表演动作。其语言直白、朴素、风趣幽默,深受当地百姓的喜爱。演唱者根据冬、春、夏、秋四季不同的气候特点,向大家详细介绍每个季节乃至每个月梯田耕作的每一道工序、技术要求及注意事项,包括什么时间飞来什么鸟,什么时间开什么花,什么时间鸡鸭发情,什么时间牲畜爱动,什么时间人该做什么事情等。四季生产调的字里行间,几乎都在讲述农业生产知识和生活常识。哈尼族农民就是一边哼着四季生产调,一边按照四季生产调讲的稻田耕作程序和技术要求,进行生产和生活的。

边走边唱

传承人朱小和出生于一个哈尼族摩批②世家,自幼跟随爷爷学习古歌,参加各种祭祀仪式和民俗活动,是一个在实践中锻炼成长起来的哈尼族民间歌手。朱小和的演唱吐字清晰,唱腔圆润,富有强烈的感染力,很早就成为云南红河两岸家喻户晓的歌手。他说,四季生产调要用哈尼语演唱,如果没有四季生产调,大家就不知道每个季节要做什么了,哈尼族的子子孙孙就不懂得时令,不会生产了。所以对

---

①哈巴:哈尼族的原始说唱艺术,系哈尼族传承历史与文化的工具与载体,被视为人类最早的文学样式、原始说唱艺术的活化石。哈巴是一种叙事性较强的无伴奏说唱,演唱内容大致可以划分为十二奴局,包括天体自然、哈尼历史、历法计算、四时节令、农事活动、商业经济、生老病死、宗教信仰、风俗习惯等,几乎包含了哈尼族人民的整个社会活动。在表现形式上,以吟唱、吟诵为主。由于哈尼族没有文字,哈巴的内容全凭口传心记。又因为哈尼族各支系的方言土语有差别,因此哈巴在流传过程中形成了诸多版本。

②摩批:哈尼族传统祭司,主要司掌与家族、血缘亲族有关的仪式活动,掌握父子连名谱牒,也负责演唱哈巴。

朱小和

于哈尼族人来说,四季生产调是必须掌握的生产与生活常识。

朱小和说自己没有读过书,因为他所生活的村寨1953年才开始办学校,而当时十三岁的他已经开始帮助家里谋生了。朱小和的爷爷叫朱文华,哈尼名叫仍鸠。爷爷是朱小和的启蒙老师。他说,爷爷的嗓音特别好,像吹牛角号一样。在他的记忆里,爷爷每天都是早睡早起,一起来就开始唱歌,并且还喊他赶紧起床生火,听爷爷唱歌。当地其他歌手都没有爷爷唱得好,遗憾的是,爷爷在朱小和二十岁出头时就去世了。

朱小和回忆自己小的时候,爷爷不管去哪里,做祭祀什么的,都会带着他。说到学习哈尼族古歌,在朱小和印象中,爷爷每次都不会教很多,也就教四五句,然后让他记下来,背诵一遍。四五天过后,爷爷要再检查一遍,发现有问题就给他指出来,再给他演示一遍,让他重新演唱,直到爷爷说"嗯,对了",才算学完。然后爷爷继续教,每次都是只教四五句。平时,朱小和走在路上都会默唱刚刚学到的那些内容,边走边唱,慢慢就都记住了。

朱小和年纪很小就开始靠打铁为生。父母去世以后,他还要照顾两个弟弟,带着他们四处奔波,生活很是艰苦。朱小和说他最开始演唱四季生产调的时候大概只有十五岁。当时他家种丰收瓜,他一边守丰收瓜地,一边在瓜棚里跟别人学唱哈巴。有些妇女也会去他家的瓜棚唱哈巴,虽然语言不太一样,但大家在一起交流学习很开心。

经过那段时间的学习之后,朱小和就开始去各个村子里唱歌了。朱小和说自己年轻的时候有力气,嗓子又好,所以每当有红白喜事,只要有人邀请,他都会去

砍扎扎节祈福，朱小和（右一）

唱，不管给不给酬劳都会去。因为嗓音好，他慢慢建立起自己的声誉，越来越多的人来找他唱。他说："他们觉得我唱得好，慢慢就有点儿名气了。每次我唱的时候，都不用维持秩序，别人听到有人讲话都会主动制止。如果有捣乱或者说话的人，都是那些嗓子不好的人因为嫉妒我才会那么做。"他记得，当时有个比他大七岁的人，带着粽子、烟熏肉、咸鸭蛋等各种东西来向他求教。

唱出来的日子

根据哈尼族人的古老历法，哈尼族的新年是从农历十月份开始的，因此四季生产调也是从十月份开始唱起。朱小和介绍说，按照古时候的规矩，十月是一年中开始的月份，所以以前挖路也是从十月份开始。如果感受不到寒气，蛇虫可能还没有冬眠，就不敢去挖。天冷的话，蛇虫去洞里冬眠了，人们才敢去挖路。

朱小和说："到了十月份，日照时间像锄头的影子一样一天天变长。歌手演唱时首先要告诉天上的天神'这里花开了，邀请天神来这里过年'；十月新年如果没有过的话，老百姓就不知道什么时候该做什么了；到了十一月份，下雪的话气温下降，

叫寨魂

叫秧魂

开秧门祭田神

开秧门仪式

朱小和(右二)在田间地头传承四季生产调

谷子就不会变臭。所以十月份妇女农活繁忙,因为下雪后,雪渗透到地里,降低了土壤温度,农作物会越来越好。等唱到了十二月份,那时候家家已经提前犁好田,因为一月份就要去晒秧苗。如果没有这些关于传统生产生活方式的传诵,哈尼族后代人就不知道怎样劳作和生活了。"

朱小和说,因为古时候没有文字,所以就设计出了四季生产调来传唱。唱到耕田的时候,要在田埂上横着和竖着各犁一次,然后在田边犁两次,在田中间犁三次。等大家干活干累的时候,就把锄头当作凳子,在田边休息一会儿,休息好了再继续犁田。犁完田就要播种了,播种开始前要唱:"你醒了吗?"是在询问谷种醒过来没有。然后农民把谷种放在秧田里面浸泡,再把水放掉,让谷种在秧田里长大至发出新芽,把蒿枝放在上面,不让空气流通,于是就唱道:"秧田当作秧苗的爸爸,蒿枝就是秧苗的妈妈,秧苗就是这样长大的"。不到三天,谷种就发出新芽,农民用犁耙把地抹平,再把一碗黄米和一颗蒸熟的鸡蛋放在田边,保佑秧苗不要被田鼠吃掉。关于育秧的歌曲就是这样唱的。

四季生产调就这样一周一周地演唱下去。一周秧苗长一叶,两周长两叶,到第五周长五片叶的时候,秧苗就长到田埂的高度了。谷种是秧田的"女儿",秧苗就是梯田的"媳妇"。此时,姑娘媳妇们用叶子包裹黄米,在吃午饭前丢到田里,如果丢得远,就预示着今天插秧会顺利结束。朱小和说:"如果谁随随便便地丢在田里,连田埂也丢不过去,大家都会骂她。"

朱小和介绍说,四季生产调里面的哭嫁歌和山歌是随时可以演唱的。过年的时候,不管去谁家都只能演唱四季生产调。结婚的时候,女方家在嫁女儿前一晚就要演唱,男方家只有娶回来以后才可以演唱,而且娶回来那一晚要一直唱到天亮。

哈尼族认为,媒烟奶奶①有八个女儿,第一个在属鼠日嫁给天神;第二个在属牛日嫁给地神,土地是源源不断的财富;第三个在属虎日嫁给太阳神,可以天天看太阳;第四个在属兔日嫁给月亮,太阳没有大小之分,月亮有大小之分,月亮没有变化人们就分不清月大月小;第五个嫁给树神,千年古树能够盖房子;第六个嫁给路神,人只要不死都要走路;第七个嫁给庄稼神;第八个嫁给人神,三月桃花开,像桃花马②的故事一样。

传承下去

朱小和正式的徒弟只有三个。他说,现在的年轻人太忙了,没有时间好好学习四季生产调,即使高中毕业了,也要忙着找工作。如果有人主动找他学习的话,他就会教,从来没有拒绝过任何人。朱小和还会根据不同人的特点,用不同的方法去教学,比如男女的唱法就不太一样,女的不能像男的一样唱"唉哄哄……"他说,无论想学什么歌,他都会一句句地教。学生们练习的时候,他都会在旁边指出他们哪里不对,比如他们从一跳到三的时候,朱小和就会说中间这里空缺了,不然他们会忘记。朱小和以这种方式,让学生唱歌技艺迅速提高。

---

①媒烟奶奶:哈尼族神话中的神仙奶奶。
②桃花马:毛色白中有红点的名马。

师徒交流

朱小和走进校园传承四季生产调

　　朱小和说："我的愿望就是希望后辈们明白，即使我们没有文字，但通过前辈们传承的四季生产调，也可以了解我们哈尼族的优秀文化。"

宝卷诉衷情：

乔玉安与河西宝卷

章遥

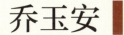

乔玉安

乔玉安（1944—2019），甘肃酒泉人，国家级非物质文化遗产代表性项目河西宝卷代表性传承人。乔玉安从20世纪60年代开始学习念卷，是该地区念卷的第三代传人。1987年9月，乔玉安加入当地民间组织玉花堂，后逐渐成为堂主主持念卷。念卷之余，乔玉安收藏、整理和抄录了各类宝卷，为国家捐献了多种古卷本，还独立创作新卷《生身宝卷》，为河西宝卷的传承和发展做出了较大贡献。在河西宝卷的所有传承人当中，乔玉安掌握的宝卷数量最多，演唱的曲调多达二十余种，表演技艺精湛，其代表作品有《金凤卷》《牧牛卷》《黄氏女卷》《生身宝卷》等。

风雨数十载

手握宝卷

浅吟低唱

道尽人间真义

在最后的时光

奄奄烛光微弱

手握宝卷

欹枕诉宏愿

荣耀时刻

蹚完鸣沙山的路，喝过月牙泉的水，抚着莫高窟的岩，折下左公柳的杈，在河西走廊这片神奇的土地上，俯拾皆是文明的蒙尘与盛世的重光。

自张骞出使西域以来，不同的宗教理念在这里交融碰撞、交流借鉴，营造了多元共生的文化环境。文明的火种在这里一路播撒，历尽劫波传承至今，孕育了希望的种子，也温暖了世道人心。河西宝卷作为劳动人民保留下来的珍贵文化遗产，长期以来深受佛教影响，融合了唐代敦煌变文、俗讲及宋代说经，在这片土地上传承流布，至今仍在甘肃省河西地区的广大农村有着较强的生命力。

河西宝卷根据文本内容有说有唱，到了每句或每段的末尾，听众要集体应和，其形式与地方戏中的帮腔类似。念卷的方式一般为一人念、众人和，也可一人承担所有说唱演出，还可两人合作念卷。宝卷散韵相间，强调音律声调，伴奏音乐也很讲究，不同的内容对应不同的曲牌，有"九腔十八调、七十二佛音"的说法，常见的有平音符、花音符、浪淘沙、莲花落、哭五更、山坡羊、耍孩儿等。

乔玉安表演念卷

2007年7月的一天，骄阳似火。在甘肃省酒泉市肃州区上坝镇营尔村，一栋普通的西北民居屋檐下,一位穿着军式衬衫、佝偻着背的老人,摩挲着手中的证书,笑得合不拢嘴。烫金证书上,"国家级非物质文化遗产代表性项目河西宝卷代表性传承人"一行字格外醒目。老人叫乔玉安,他呢喃着:"这可是国家给的荣誉啊! 摸了一辈子的泥土,念了一辈子的宝卷,没想到还能得到国家的认可。"一缕阳光斜射进来,倚门而立的老人形象格外高大,这是属于他的荣耀时刻。国家给的这份荣誉太意外了,他很难压抑自己激动的心情。此时此刻,他只想静下心来,找个僻静的角落,不让任何人打扰,慢慢回忆那些抄卷念卷的过往……

家学熏陶

在河西走廊的农村地区,赶上农闲时节,大伙儿都会围在一起,唱唱小曲,听听念卷,听到情节动人之处,也是一把鼻涕一把泪的。乔玉安的父亲乔德云完整地上过小学,是大家都尊敬的文化人。在乔玉安眼中,父亲是念卷的好把式,经常走村串户给大伙儿念卷,时间长了就成了十里八乡的名人。父亲念的卷朗朗上口,简单易懂,大伙儿也爱听。他念得比较多的卷大都围绕因果循环、善恶有报的内容,如《黄马卷》讲述的是女婿挣了钱却被岳父谋财丢了性命;《白马卷》又名《熊子贵休妻》,说的是有个叫熊子贵的人休妻之后结局很悲惨;《乌鸦卷》又名《黑骡子告状》,描述王小泉妻子有外遇后杀害王小泉,碎尸后埋在骡子圈,黑骡子为王小泉告状申冤的故事。

念卷人念完一段后短暂停顿,需要接卷人接一句偈语。乔玉安自懂事以后,也跟在父亲身边学着帮腔接音,一来二去竟对宝卷的曲调和故事产生了浓厚的兴趣。兴趣才是最好的老师,乔玉安翻来覆去睡不着觉,一直缠着父亲教他念卷。20世纪60年代,他开始正式学习念卷,本身就天赋异禀又勤勤恳恳,还继承了父亲的好嗓子,日积月累下来掌握了很多曲调。在当时的社会环境下,念卷被认为是封建迷信活动,不允许公开进行,宝卷文化陷入了一段低谷时期。但对乔玉安父子来说,念卷可是深入灵魂和骨髓的大事。乔德云当时已是村生产队的文书，白天工作异常繁忙，晚上到家得闲后，父子俩躲在屋子里，在昏暗的煤油灯下，压低了嗓子，一个负责念卷，一个认真接卷，就这样咿咿呀呀度过了一个又一个枯燥的长夜，他们将对艺术的热情和对宝卷的热爱倾注在唱和之间。

宝卷的不同卷本承载了很多经典的故事，长期以来通过传抄的方式流传后世。父亲保存下来很多卷本，乔玉安一有空闲就主动抄卷，文化水平不高的他因此练就了一手好字，并很快在村里派上了用场，得到了"乔秀才"的美誉，很好地继承了父亲的衣钵。

拜师学艺

经过历史长河积淀的优秀传统文化一定不会被湮没，它将在适当的时候重新展现文化魅力，重新闪耀文明之光。改革开放以后，念卷的氛围重新兴起，乔玉安的念卷人生也迎来一个质的飞跃。

宝卷虽然是口耳相传，但也承袭着一定的规矩，乔玉安的师父叫于加儒，也是他父亲的好友。师父对这个小伙子极为欣赏，能唱曲、能念经、能念卷，这样的人岂能错过，他主动上门传授技艺，久而

乔玉安师父于家儒

久之两人结下了深厚友谊。1987年9月，遵照父亲的遗愿，乔玉安正式拜师于加儒。拜师礼较为简单，两盒点心、一顿干面，聊表诚意。于加儒对宝卷的理论和实践都有较深的理解，乔玉安如饥似渴、夜以继日地学习和吸收着艺术的养分。他们一个教得格外认真，一个学得特别仔细。乔玉安念卷得到了于加儒的真传，了解了更丰富的民间曲调，掌握了更多元的唱腔曲牌，学到了更专业的发声技巧。这段拜师学艺的经历成就了乔玉安脱胎换骨的修炼之路。

抄卷捐卷

旧时文化传播殊为不易，宝卷通过抄卷人抄录的各种卷本而泽被后世。宝卷的传承人不仅会念卷，也时常亲自抄卷，熟悉卷本故事的内容，或者借此掌握新的卷本。

乔玉安长期跟随父亲抄卷，养成了寻根究底的习惯，看到了新的卷本，总想弄过来抄录学习。改革开放后，乔玉安开始到处寻卷抄卷，家里的卷抄完了，就去借

乔玉安在翻看宝卷

别人的卷抄，抄完了再还回去。宝卷的魅力是如此之大，无论时代风云如何变幻，总有一批宝卷爱好者怀着对文化的虔诚之心，怀着对文字的敬畏之情，想方设法保存卷本，不经意间为宝卷的传承留下了珍贵的种子。乔玉安借到的卷本，有的是在田间地头挖出来的，有的是翻箱倒柜搜出来的，有的是从墙壁夹缝中抠出来的。卷本搜集者互相传抄、互相借鉴，每多一个抄卷人，宝卷的传承就多一分希望。乔玉安认为抄卷工作带有强烈的使命感和责任感，他曾说："宝卷是我父亲留给我的财富。我现在把该抄的抄下来，它们是我留给儿子、孙子的财富。"

正是在这种信念的驱使之下，乔家父子先后开始抄卷，最开始只是想给后世留一笔财富，随着国家对非遗保护工作和传承弘扬优秀传统文化的日益重视，他们也希望宝卷能够得到更好的保护和传承，在捐献卷本上毫不吝啬。20世纪80年代，酒泉市文化馆工作人员下乡搜集宝卷卷本，乔家一次就捐献珍贵古卷本十二本。2007年3月，酒泉市肃州区文化馆干部又来上门求卷，乔家父子又找出新近搜集的五本宝卷上交。在他们看来，将自己辛苦收藏的宝卷上交国家是一件好事，抄卷非常值得，国家肯定有办法来保护这些宝卷。我们庆幸，有了这些朴实善良的人们，民族的历史得以记录，国家的文脉得以赓续，人类的文明得以传承。

传承宝卷

想起拿到证书,成为国家级代表性传承人的荣耀时刻,乔玉安抄卷念卷的劲头就更足了。他心中的想法很朴素,乡巴佬变成了"公家人",还领上了国家的钱,就要为国家干事。

名气大了,找乔玉安念卷的人越来越多。从2007年5月开始,他接受了大量的邀请,不避寒暑,四处奔波,给乡亲们念卷,劝人向善。常怀悲悯情怀,一生只为善事。他不辞辛劳,又花了很大的工夫整理和抄录了一批新的卷本,如《生身宝卷》《黄马卷》《三圣一源宝卷》《曹三杀徊郎》《红罗卷》等,极大丰富和扩展了河西宝卷文库。

让乔玉安欣慰的是,不仅上了年纪的人爱听卷,年轻一辈也开始关注宝卷。2013年4月,酒泉市肃州区开展非物质文化遗产宣传教育活动,乔玉安家来了一大批酒泉中学的师生,他们慕名来听卷。望着这些年轻又认真的面孔,乔玉安很是兴奋,他没有想到,过去都是乡下人听卷,现在城里的孩子、教书的先生,这些有知识、有文化的人也来听卷,还工工整整地做了笔记。

荷兰著名的汉学家伊维德对中国古代的通俗文学走向世界做出了较大的贡献。他曾经有两桩久未达成的心愿,一是亲眼看看敦煌莫高窟,二是亲耳聆听河西宝卷诵读。2014年9月,在伊维德访华期间,乔玉安和他的弟子们为他诵读了《生身宝卷》。《生身宝卷》是根据二十四孝故事"王祥卧冰"编写而成,原汁原味的诵读和富有韵律的曲调,都让伊维德着迷。

伊维德再三感谢了乔玉安老

荷兰汉学家伊维德(中)与乔玉安(右)交谈

乔玉安教念卷

人,还复印了一份宝卷带回荷兰。能够代表国家,为国际友人展示作为中华民族文化瑰宝的宝卷的独特魅力,这是乔玉安人生中颇为自豪的一件事。

乔玉安的老伴儿田金兰年轻时也喜欢听卷,在他的影响下,当起了接卷人,也加入念卷行列。出身于念卷世家,乔玉安不希望家族的传承在自己这一辈中断,除了儿子,他也倾注了很多心血培养孙辈。家人之外,他还培养了两个传承人——王明军、马世鹏,但两人年龄也已五十多岁,不算年轻了。村里还有几个人也打算拜师学艺。他希望通过自己及其他传承人的言传身教和奔走呼吁,让河西宝卷这项国家级非物质文化遗产后继有人,世代传承下去,也盼望社会为宝卷传承提供更多的支持。

斯人已去,此情长存。乔玉安一片痴心皆系于宝卷,他对传播宝卷的一世执念永远播洒在了他眷念的人间。他对宝卷的这份挚爱永远值得大家敬仰。他曾说,过去念卷是为了教育娃娃,也教育大人;现在念卷是为了弘扬国粹,把祖辈留下的好东西传承下去。曾经“黄沙西际海,白草北连天”的酒泉,如今早已充满绿意,这生命的色彩也会带着乔玉安老先生所传承下来的河西宝卷,继续滋润人们的心田。

一村一户,一唱一念

日复一日,年复一年

点点墨香,写尽虔诚

句句宣唱,道出真情

宝卷之中,人间万象

一句偈语,点悟苍生

乔玉安抄录的宝卷作品《孟姜女》

传统音乐

骆驼为什么哭泣：

巴德玛与蒙古族长调民歌

张宇

巴德玛

　　巴德玛（1940—　），藏族，内蒙古阿拉善盟人，国家级非物质文化遗产代表性项目蒙古族长调民歌代表性传承人。巴德玛出生在阿拉善右旗藏族活佛之家，从小深受家族的影响，七岁开始学习长调民歌，九岁学习马头琴，少年时代已成为名扬百里的民间歌手，曾多次参加区内外民歌大赛，荣获一、二等奖，并获内蒙古自治区"著名民间歌手""民间艺人"等称号，现为阿拉善民歌协会会长。巴德玛擅长阿拉善地区四种流派风格的蒙古族长调民歌唱法，音色明亮高亢，演唱风格纯朴豪爽，代表作《牧驼人》《富饶辽阔的阿拉善》等，出版《阿拉善盟蒙古长调民歌集成》（共九册）。2004年，巴德玛成为文化部民族民间文艺发展中心"特聘民间歌手"，2007年获内蒙古长调艺术交流研究会授予的新中国第一代蒙古族长调歌唱家"长调歌王"的称号。

当她开始走路的时候

她踏着舞者的舞步

当她开始说话的时候

她带着歌者的音调

这不是每个人都有的宿命

但她却注定要成为一个

独一无二的蒙古族歌者

——巴德玛专辑《恩德三圣》前言

游牧民族的音乐遗产

蒙古族随着季节和环境的变化形成了"逐水草而居"的习惯,这使得他们历来就有通过歌唱表达自己内心世界的艺术天赋。提起蒙古族,我们想到的不仅有"风吹草低见牛羊"的壮美诗情,也有长调民歌和马头琴里的苍茫意境。蒙古族长调民歌广泛流传于内蒙古阿拉善盟、锡林郭勒盟、呼伦贝尔大草原及科尔沁草原等地区,具有鲜明的游牧文化和地域文化特征,多在放牧和传统节庆时演唱。游牧文明为蒙古族长调民歌的发展提供了艺术土壤。音调高亢、悠扬舒展、词少腔长的蒙古族长调民歌,表现出北方草原的天高地阔,把蒙古族人民的智慧及心灵深处的感受表达得淋漓尽致。

蒙古族长调民歌是蒙古语"乌日汀哆"的意译。"乌日汀"为长久、永恒之意,"哆"为歌之意。长调民歌节奏、节拍均匀,和短调民歌相比结构更为规整。长调民歌一般由前后乐句构成一个完整的乐句,往往在不同的头韵上反复叠唱同一内容,且有独特的拖腔音及多样的装饰性演唱技巧,尤以波折音或装饰音的演唱方式所形成的华彩唱法最具特色。蒙古族长调民歌是蒙古族人民在长期的游牧生活中创造的标志性草原音乐文化。

2005年,中国、蒙古国联合申报的"蒙古族长调民歌"列入联合国教科文组织的人类非物质文化遗产名录。2006年,蒙古族长调民歌列入第一批国家级非物质文化遗产代表性项目名录。

阿拉善是诞生歌手的地方

少年时期的巴德玛

"阿拉善"是蒙古语,意为五彩斑斓之地。阿拉善盟由阿拉善左旗、阿拉善右旗和额济纳旗三个旗组成,这片土地上生活着土尔扈特、和硕特、喀尔喀等不同部落的人。各部落的音乐在相互交流中呈现出各自的特点。阿拉善蒙古族无处不唱、无处不颂的传统是巴德玛成长的摇篮。

1940年,巴德玛出生在阿拉善右旗塔木素布拉格苏木①胡树其嘎查②。父母为她取名"巴德玛","巴德玛"是藏语"莲花"的意思,寓意无比圣洁。巴德玛的父亲鲁布森顿布是一位藏族活佛,不仅精通藏、蒙文化和医学,还会演奏笛子和马头琴等乐器。太姥姥米代、姥姥陶克陶克(音译)和母亲乌尼尔都是远近闻名的民间歌手。家族的影响对巴德玛的成长起着至关重要的作用,她从小耳濡目染,七岁起便随父母和姨妈学习长调民歌,是家族中民歌艺术的第四代传人。

鲁布森顿布是一位非常有智慧的人,他在巴德玛小的时候就教导她很多做人的哲理,比如世间万物都离不开"四个最后":爬到最高最后还是会下降,收集的最后还是会用完,恋爱的最后还是会分离,诞生的最后还是会死亡。每个人都离不开这"四个最后",父亲的谆谆教诲一直引导着巴德玛。

巴德玛从小跟随父母生活在草原上,过着放羊、放骆驼、住蒙古包的牧民生活。

① 苏木:内蒙古自治区乡镇级行政机构。
② 嘎查:内蒙古自治区村级行政机构。

他们一家人会经常收起蒙古包，迁徙到不同的地方，游牧生活深刻地影响了巴德玛童年时期对长调的学习。家乡的各种庆典，如婚礼、祭敖包、老人大寿、婴儿百日宴，大家都会聚在一起唱歌，巴德玛在跟着母亲参加的这些宴会和典礼上接受了长调艺术的启蒙与熏陶。虽然没有专业的辅导老师，巴德玛也不识乐谱，但是父母和所有的父老乡亲都是她的音乐启蒙老师，他们血脉相连，他们的天赋也在大漠上一代代传承着。

巴德玛说母亲乌尼尔拥有纯朴的嗓音，是一位会运用胸腔的振动来歌唱的人。母亲一开始教巴德玛模仿一些旋律比较简单、装饰音也比较少的歌曲，比如《阿如希勒》（音译，《北边的山梁》）。无论什么歌词巴德玛都能很快记住，不仅如此，她在记住一首歌大致的旋律后还会加入其他的装饰音，形成自己的特点。与生俱来的音乐天赋让巴德玛在少年时期即崭露头角。她一生都感恩父母给予的天赋和培养。巴德玛的弟弟妹妹们也爱好文艺，唱歌、跳舞、奏乐、表演样样精通。弟弟万希

2010年，巴德玛参加草原文化节非物质文化遗产展演活动

专辑《恩德三圣》

《内蒙古民族音乐典藏——大师系列·富饶辽阔的阿拉善:蒙古族长调大师巴德玛演唱专辑》

格在乌兰牧骑①工作,会谱曲,会拉手风琴,妹妹图鲁玛也是位歌手。

青年时代的巴德玛已远近闻名。1959年,额济纳旗成立了乌兰牧骑,举办了文艺表演,她加入乌兰牧骑任独唱演员及舞蹈演员。在乌兰牧骑的这段时间,她下乡为牧民们表演节目,也为解放军慰问演出。遗憾的是,由于父亲生病,巴德玛只在乌兰牧骑待了三个月,便回家照顾父亲和弟弟妹妹了。

---

① 乌兰牧骑:蒙语原意为"红色的嫩芽",后为红色文化工作队的意思,他们多活跃于农村牧区间。

2007年,巴德玛被授予"达尔罕道钦"(长调歌王)荣誉称号,同时得到这个称号的歌手还有哈扎布、宝音德力格尔等,这几位都是内蒙古著名的长调歌手。2009年,巴德玛出版了个人长调、马头琴专辑《恩德三圣》。2010年,她出版专辑《内蒙古民族音乐典藏——大师系列·富饶辽阔的阿拉善:蒙古族长调大师巴德玛演唱专辑》。巴德玛擅长阿拉善地区四种流派风格的蒙古族长调民歌唱法,以民间真声唱法演唱,音色明亮高亢,风格自然豪放,富有个性。她的歌唱深受牧民喜爱,被誉为大漠中的民歌皇后。

骆驼为什么哭泣

巴德玛一直称自己是牧驼人,骆驼、戈壁滩、部落文化和寺庙生活深深地影响了她音乐风格的形成。她喝着骆驼奶长大,九岁时就跟着父母放骆驼,能轻松地认出骆驼的脚印。她非常爱骆驼,觉得骆驼是阿拉善沙漠的精灵。巴德玛有时骑着骆驼口渴疲惫了,就唱一首《高原的戈壁》:"骑着红驼踏过戈壁,虽是炎夏心平如春。"她这样边走边唱,虽然口渴难耐,但用美好积极的心态面对一切,瞬间不觉得口渴了。

母驼在产驼羔后,常有嫌弃驼羔、不给驼羔喂奶的事,有时还会出现"弃子"现象。每当这种事情发生,牧民们会唱催乳歌、拉马头琴或吹笛子来劝奶,最终能使母驼落下眼泪,为驼羔哺乳。牧

牧驼人巴德玛

驼人巴德玛经常为母驼拉马头琴、唱歌，用音乐来激发骆驼的母爱。巴德玛所唱的劝驼歌既忧伤又悠扬，饱含了深厚的情感。她常用马头琴演奏《叫农黑骏马》和《伤腿的马儿》两首曲目，演奏方法也有特别之处，弹奏粗弦用来感动母驼，细弦用来感动驼羔。骆驼是一种通人性的动物，每每听到她的歌声，母驼就会情不自禁地感动流泪，也会流出乳汁。在悠长而哀怨的琴曲中，在歌声的陪伴下，母驼流着泪接受了自己的孩子，驼羔重新回到了母亲的怀抱。

其实骆驼的性格是很顽劣的，让母驼接受自己的驼羔不是件容易的事。有的骆驼一旦装上驼鞍子就会性情大变，咬自己的驼羔，嫌弃驼羔，不让驼羔接近自己半步，不让驼羔吸吮自己的奶，又踢又咬，甚至会踢断驼羔的腿。牧民唱歌之前要先用绳子将母驼的两只后腿捆绑起来，有个人抓住它的鼻棍来控制住它，这个时候才开始唱劝驼歌，然后挤出驼奶，涂抹在驼羔的头部、腰部、尾部和嘴部，有时还会将胎盘盖在驼羔身上，这样母驼才会接受驼羔，才会让驼羔吸吮驼奶。

除了骆驼，其他动物也有类似的现象，因此还有劝马歌、劝羊歌、劝牛歌。劝驼唱的是"霍舒拉"（音译）的调子，劝马唱"呼来"（音译）的调子，劝山羊唱"朱格拉"（音译）的调子，劝绵羊唱"太格拉"（音译）的调子，劝牛唱"乌格拉"（音译）的调子，劝不同的动物用不同的调子，这是牧民在漫长的游牧岁月中逐渐总结出的经验。

牧驼人巴德玛一辈子都在唱劝驼歌，每年春天骆驼下羔子的时候就开始唱，有时候为了让刚出生的驼羔有奶吃，哪怕是夜里也要唱。巴德玛说劝驼歌和哄婴儿入睡时唱的摇篮曲是一样的道理，她用自己所有的爱去感化母驼，用温柔而坚定的声音去安抚它们。巴德玛说她是在用情演唱，用情唱出沙漠里牧人的乐观豁达与纯朴善良。

长调和马头琴就是一辈子的信仰

巴德玛不仅热爱歌唱，还非常喜欢马头琴。和母亲一样，她习惯用左手拉弦，

巴德玛演奏马头琴

九岁便拜民间艺人加拉杜为师学习马头琴。在巴德玛心里，长调和马头琴是信仰，她一直遵循夜晚不拉马头琴、平时不能把马头琴放在地上而要挂在高处的传统。

马头琴的头部雕刻成马头的形状，琴身是梯形的共鸣箱，琴弦过去是用马尾做的，现在改用尼龙。马头琴是非常适合演奏长调的乐器，它能够准确地表达出呼啸的狂风、悲伤的心情、奔腾的马蹄声等。相传，从前有一匹黑骏马，不但体格健壮而且还会飞，年轻的牧马人每天骑着黑骏马飞绕三千个地方完成所有的工作。每天看着黑骏马从云朵中飞下来，牧马人的邻居非常嫉妒，偷偷剪掉了黑骏马的两只翅膀。牧马人伤心极了，创作出《走马》和《绊腿的小黄马》两支马头琴乐曲来纪念他的黑骏马。

巴德玛是非常出色的马头琴演奏家，她会演奏四种类型的马头琴曲目：《伤腿的马儿》《走马》《杭盖叫农》[①]和《绊腿的小黄马》。巴德玛擅长一种"叫农乌诺图"（也被称为"叫农黑骏马"）的演奏法，这是马头琴最古老独特的一种演奏技巧。目

① 杭盖是一个古老的蒙古语词汇，意思是一个有着蓝天白云、肥沃草原、绵长河流、很多山和树林的世界，是蒙古族想象中的完美世界；叫农指马。

前巴德玛是唯一能完整表现此种演奏法的人,齐·宝力高①先生还专门拜访巴德玛学习这种演奏马头琴的方法。

守护传统,延续经典

长调民歌与蒙古族人民的生活紧密相连,它是蒙古族节日庆典、婚礼宴会、亲朋相聚、那达慕等活动中必唱的歌曲,全面反映了蒙古族人民的文化品位。长调的基本题材包括牧歌、思乡曲、情歌、赞歌、婚礼歌、酒歌和训诫歌等。巴德玛介绍,阿拉善长调歌曲主要有三类:阿拉善和硕特歌曲、土尔扈特歌曲和蒙古长调歌曲,其特点是歌词诗歌化,音调有卷音,歌者用胸腔共鸣结合自身气息来唱,巴德玛就是这样的歌手。

巴德玛经常演唱的歌曲《富饶辽阔的阿拉善》是一首优秀的赞歌。这首歌赞颂了富饶美丽的草原,歌唱了豪放乐观的牧民间深厚的情谊,是八首宫廷歌曲中最著名的。2007年,我国发射的"嫦娥一号"卫星搭载了三十首中国优秀歌曲,《富饶辽阔的阿拉善》就是其中之一。有关这首经典民歌的创作流传着一个小故事,相传有一位忠臣蒙冤入狱,他在监狱里创作了一首歌献给王爷,王爷很欣赏这首歌,很快下令释放了这位大臣并给他重新安排了职位,同时将这首歌设定为宫廷歌。巴德玛一直记得这个儿时听到的故事,她说唱这首歌时,需要身着正装,手捧哈达站着来唱。巴德玛运用自己独特的装饰音和技法让歌曲更具浓郁的草原风味,人们通过她的演绎体会到这首歌所包含的文化韵味和民族的精神力量。

巴德玛多次受邀参加文艺演出和节目录制,在长调音乐的传播和推广上一向义不容辞,为弘扬民族民间艺术做出了自己的贡献。1991年,巴德玛受邀去日本访问演出二十多场,马头琴与长调民歌获得了众人的赞誉。1994年,她代表内蒙古自治区参

---

① 齐·宝力高(1944—),蒙古族,国家级非物质文化遗产代表性项目蒙古族马头琴音乐代表性传承人。

巴德玛(中)与儿子沙格达尔(左一)和其他演员参加中央电视台《民歌中国》栏目的演出

加中央电视台《综艺大观》节目的演出,通过电视媒体向全国观众展示了富有地方特色的蒙古族长调民歌,让全国各族人民更加了解蒙古族音乐。

　　巴德玛认为,在发展蒙古族民歌的过程中,无论长调还是短调都要注意保护好"主干",可以减掉多余的"枝叶",也可以加入新的元素,但是一定不能改变主调。现在有的歌曲创作借用民歌音调,把一些音调混合起来从而变得不伦不类。尤其是有历史典故的歌曲更需要注意,在演绎和发展时与流行歌曲应有所区别,更要注重演唱的气息,歌词和曲调的搭配也要原汁原味,要延续经典。她一直坚持认为,演唱长调歌曲是有规矩的,必须心存敬意,站姿要挺拔,脸上的表情要自信美丽,手势也要相对固定,偶尔把手上扬,然后鞠躬、走步、放音乐,等等。某些现代歌曲逐渐失去了原有的规矩,唱歌的人变得越来越随意,服饰和动作上的变化也没了规矩,面对这些,巴德玛坦言无法阻止却不敢苟同。

代代相传的长调

　　蒙古族长调民歌具有极高的研究价值,保护长调对于草原文明的传承具有重要意义。现代化、城市化的进程使蒙古族长调民歌受到一定的冲击，目前能够演唱的艺人已屈指可数，其中许多人年事已高。2008年，巴德玛被评为国家级非物质文化遗产代表性项目蒙古族长调民歌代表性传承人。目前，蒙古族长调民歌共有十二位国家级代表性传承人，这项文化遗产的传承和保护刻不容缓。

作为国家级非遗代表性传承人，巴德玛深感责任重大，她一直秉持将长调文化传授给下一代的理念，教授子女和戈壁上的青年们。巴德玛的大儿子沙格达尔是家族的第五代传人，蒙古族长调民歌自治区级代表性传承人。就像巴德玛小时候那样，他从小跟着母亲学唱歌，参加各种活动。沙格达尔还积极协助巴德玛做保护长调歌曲的工作，他表示虽然他们这代人知道长调，但下一代人对长调了解甚少，更需要做的是让年轻一代传承长调文化。有一些传统的老歌没有被记录下来，要尽快收集遗留下来的长调歌曲、民间故事和民歌，采取补救措施，从而更有力地保护和传承这份宝贵的文化遗产。身为巴德玛的儿子，沙格达尔认为自己有责任比别人更尽心尽力地做好这项工作，为此巴德玛感到非常骄傲。

在人们眼里，巴德玛不仅是成绩斐然的长调歌王，而且是马不停蹄的实干家。她参与组织各类民歌比赛、培训班，并深入牧区传授民歌，让更多年轻人接触民歌

巴德玛给儿子沙格达尔讲授阿拉善民歌演唱技巧

巴德玛在首届内蒙古长调
民歌艺术节长调培训班上授课

巴德玛与内蒙古艺术学
院长调基地班的学生们

艺术,为将长调这一民间艺术传给后代付出了很多精力。通过她的努力,阿拉善右旗建立了阿拉善长调传承基地,额济纳旗建立了土尔扈特民歌基地。她担任内蒙古艺术学院长调特聘教授、内蒙古大学艺术学院阿拉善民歌传承班传承导师,毫无保留地传授阿拉善长调唱法技巧,培养了很多优秀歌手。她认为长调是连着天和地的艺术,优秀的歌手既要有父母的遗传,也要有山水的赋予。她注意培养学生们的德行教养,要求学生们在台上演出时要讲规矩,懂礼貌,要按照顺序一一请出伴奏家,然后敬礼、演唱。在演唱技巧上,她注重指导学生们在模仿名家的时候,不是模仿他们的嗓音,而是学习他们唱歌的技巧,即保持自己的音色不变,运用音调、转折等技巧完整地唱出一首歌曲的原汁原味。巴德玛爱长调,更爱学生,她深情地对学生们说:"你们是我的孩子,是我内心的动力源泉。你们要学好长调,唱给更多的人,让更多人听到长调,听到我们的乡音。"尽管年迈,巴德玛还有着非常年轻的心态,她日夜操劳,只为将长调传承下去。

1993年,巴德玛筹划成立了内蒙古自治区最早的民歌协会——阿拉善民间歌曲协会,并任主席。她花费十年时间,组织当地学者对阿拉善民歌进行了全面的收集、整理和研究,出版了《阿拉善盟蒙古长调民歌集成》(共九册),其中收录了阿拉善和硕特、土尔扈特、喀尔喀部各类体裁民歌千余首,挖掘阿拉善民间歌手三百余人,大力推动了阿拉善民歌的传承、研究工作。编写这套丛书的工作艰巨又琐碎,包括大量的照片和曲谱,还需要用两种语言标注来源、历史等信息,内容要反复地求证,困难可想而知。在经费有限的情况下,巴德玛有时甚至自掏腰包来补贴。她

《阿拉善盟蒙古长调民歌集成》(部分)

巴德玛在非遗代表性传承人记录工作首批优秀成果推介会上演唱《北边的山梁》

说:"编辑一首民歌,就像大海里捞鱼,海里的鱼是一下子捞不完的,捞出一条还会有另一条,到现在还是有没收集记录的歌曲。一些优秀的长辈去世了,知道歌曲历史的人也渐渐变少。"阿拉善盟文联主席马英(莫·策登巴拉)参与了《民歌集成》的收集整理工作。他说:"巴德玛老师是一名年迈的民间歌手、牧民和驼手。这样一位老人带领众人出版书籍,留下了不可磨灭的纪念碑,是非常了不起的。出版这部丛书不仅存在筹资问题,还面临着要走遍阿拉善戈壁二十七万平方千米、采访年迈的歌手、编写和谱曲的难题。虽然巴德玛老师被称为民间艺人,但她其实是等级更高的艺人,是名副其实的'达尔罕道钦'。"

在文化部非物质文化遗产司的统筹部署下,2015年,国家级非物质文化遗产代表性传承人记录工作全面启动。2018年7月6日,"国家级非物质文化遗产代表性传承人记录工作首批优秀成果推介会"在国家图书馆举行。七十八岁的巴德玛再次来到北京,为观众们演唱了《北边的山梁》,中气十足的歌声不减当年。

随着年纪越来越大,巴德玛的身体状况大不如前,谈及未来打算,她坦言要先保养好身体,这样才能不负国家期望继续履行传承人的职责:"我已经一把老骨头了,都说我是国家级传承人,可是我这一生到底做了些什么,又传承了些什么?我想将其有声有色地留在历史的篇章中。一想起来这将被历史记载,我就感到很满足。习近平主席是尊重传统艺术的,我在党的十九大上听到了很多深入基层、深入群众的讲话,我非常高兴,因为我们所做的工作正好和其相符。我在想,不管怎么样我都跟着共产党走。人们常说'跟着太阳走就不会冷,跟着党走就不会错',在共产党领导下,在五星红旗下,从我们的毛主席到习主席,都在重视这项工作,同时给了我们这么好的机会,我们应该竭尽全力去工作。我也为在有生之年将长调歌曲传承下去而感到自豪,即使我哪一天不在人世间了,在我之后还有我的孩子和学生们来继承这一传统文化。"

> 富饶辽阔的阿拉善
>
> 是难以寻觅的美丽故乡
>
> 蒙古族人民幸福生活安居乐业
>
> 豪迈意气是人之常情
>
> 千言万语和睦为贵
>
> 欢庆喜宴快乐至上
>
> 万语千言精诚为本
>
> 亲朋挚友友谊长存
>
> 悠扬的歌声悦耳
>
> 风华正茂的年轻一代
>
> 像葱茏大树有根依靠
>
> 种在田间的五谷
>
> 酿成美酒献给兄长和尊贵的客人
>
> ——《富饶辽阔的阿拉善》

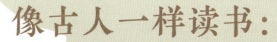

像古人一样读书：

秦德祥与吟诵调

戴晓晔

秦德祥

秦德祥（1939—2016），江苏常州人，国家级非物质文化遗产代表性项目吟诵调（常州吟诵）代表性传承人。秦德祥自幼热爱文学和音乐，高中毕业后成为一名音乐教师。从20世纪80年代起，秦德祥开始进行常州吟诵的搜集、挖掘、整理、全面普查和保护研究等工作，倾注了大量心血。他先后发表了《常州吟诵音乐的采录与初步研究》《天宁梵呗天下宗》等论文三十余篇，并编著、出版了《吟诵音乐》《赵元任程曦吟诵遗音录》《道德讲堂·吟诵篇》《"绝学"探微——吟诵文集》《吟诵教程》《学一点"常州吟诵"》等专著。2014年6月，他获得第三届中华非物质文化遗产传承人薪传奖。

穿越回古代

烟雨蒙蒙的江南

跟随着

吟诵调传承人秦德祥

听一听古人是如何读书的

此刻,你脑海中是否已经浮现出这样的场景:清雅的书院中,一排排正襟危坐的小童跟随着手拿戒尺的夫子,陶醉地摇晃着脑袋,吟诵着诗文……而今,这朗朗声调,随着时代的车轮渐渐远去。吟诵,这种中国古人所特有的读书方式,已经不可追寻了吗?

2008年夏天,国家级非物质文化遗产代表性项目名录传统音乐类别中赫然出现了吟诵调(常州吟诵),一下将这种古老的艺术形式重现于我们眼前。而常州吟诵的成功申报,与一位退休音乐老师密切相关,他叫秦德祥,是吟诵调(常州吟诵)项目唯一的国家级代表性传承人。

音乐之路

秦德祥,常州人,自小对音乐和古典文学有着浓厚的兴趣。他自学了口琴、二胡等多种乐器,中学师从钱璱之学习古典文学。

秦德祥为何对吟诵情有独钟,为什么会想到采录吟诵的呢?缘由大概有二:一是受了中学时代语文老师钱璱之先生的影响,钱

小知识

吟诵就是用乐音方式诵读古典诗文,“吟”是用较长的音或几个音连缀而成的拖腔来“读”一个字,节奏较为宽缓;“诵”则是一个字配一两个较短的音,节奏较为紧凑。常州吟诵是运用常州方言进行吟诵的一种传统艺术形式。由于常州话保留着入声字和部分古代读音,与中古语音接近,因而常州吟诵具有抑扬顿挫、节奏分明的艺术特征,能较好地体现出唐诗、宋词等古典文学作品的声韵和节奏美感。

青年时期的秦德祥

小知识

问:你知道秦老小时候是怎样记忆乐音"Do Re Mi Fa Sol La Si"的吗?

答:独揽梅花扫落雪。

先生非常喜好吟诵;二是鲁迅在其著名散文《从百草园到三味书屋》里,把寿老先生吟诵的神态描写得淋漓尽致、绘声绘色,该文大大激发了秦德祥对吟诵的兴趣。

年轻时的秦德祥曾连续两年报考上海音乐学院和南京艺术学院,由于种种原因未被录取,但他对音乐的热爱不曾消减,后来如愿成为一名中学音乐老师,并不断地探索将音乐教育和古文教育相结合的方法。

吟诵不是摇头晃脑

著名语言文字学家周有光先生曾说过,作为一种口头传承的文化,诗文吟诵在中华大地上生存、繁衍、发展,历史十分悠久。它是传播、普及传统文化的重要工具和手段。古时的诗词创作、修改、鉴赏、交流,多以吟诵的形式进行。旧时学童启蒙,更离不开吟诵,以至普及社会,使这种精英文化具有一定程度的群众性。儒家先贤们创造的这种集文学、语言与音乐为一体的艺术形式,对促进我国文化繁荣做出了贡献。吟诵艺术远播世界各地华人区,在中国传统文化中具有重要的地位。

大家对吟诵的印象可能就是影视剧中私塾里师生们的摇头晃脑,实际上真正的吟诵,摇头晃脑的并不多,大多是自然而然的轻微动作,并不刻意。秦德祥认为,

常州小朋友们正在吟诵古诗词

吟诵有以下几种情况：

第一种情况，不是表演给别人看的，是自我欣赏式的陶醉。比如，你读了某位古人的诗，觉得他写得好，对这首诗的意境、语句、内涵有很深的体会，这种体会必然结合着自己的身世和经历，把自己的感情放进去，和诗歌的内容融为一体，然后再念，就会感到味在其中。自我欣赏、自我陶醉，就是典型的吟诵。

第二种情况，诗人自己写诗要注意平仄和格律，通过吟诵就可以发现哪里平仄不对、不顺口，可以检查哪个字平仄

2013年7月秦德祥在常州市少年官暑期少儿吟诵培训班授课

用错了，需要换一种写法。换一个字就顺口了，就符合平仄和格律了。这也是吟诵的一种要求。

第三种情况，诗人抒发自己的心绪，比如屈原流放的时候，沿着江边，一边走一边吟诵，发泄他内心的悲愤情绪。

第四种情况，叫唱和。古时候读书人喜欢游学，到处游山玩水，但是他的目的是欣赏山水，激发诗情，会见各地的朋友。两三个朋友约好了，找一个地方，一般亭子为多，大家在一起，第一个人根据当时的心境，即兴创作一首诗；第二个人听到后也颇有感触，就和（hè）第一人的韵，也创作一首诗；接下来，第三个人、第四个人也依韵创作，这就是互相唱和的吟诵方式。

所以吟诵基本都是以个体为主，没有集体性的吟诵。现在经常看到舞台上一群小朋友摇头晃脑地吟诵，是不符合本来面貌的。

坚持终有回报

常州是一座具有两千五百年历史的文化古城，明清以来文风尤为炽盛，文人荟萃，名家辈出。常州吟诵不仅因有赵元任、周有光、屠岸等杰出代表人物而熠熠生辉，而且有包括他们在内的三十二个传人组成的群体作为坚实基础，加之采录年代较早，故其资料翔实丰富，为全国各地所鲜见。常州这座历史文化名城读书之风炽盛，尤其是明清以来，一向被誉为东南之冠。短短数百米的青果巷和前后北岸，近现代就有数以百计的文化名人从这里走向全国、走向世界，这一奇特的"小区域文化"现象，为全国所罕有。在五四运动之前，读书风盛，吟风亦盛，直到新中国成立后，常州仍有不少接受过前辈师长亲传的擅吟者。常州吟诵的另一优势在于其语音声调系统与中古汉语声调系统相似，保留着入声和一些古音，能较好地表达唐宋诗词的韵味。

当代文学巨擘、著名诗人屠岸先生受母亲影响，自幼使用常州方言吟诵古诗

秦德祥老友屠岸

文。屠岸先生认为,常州吟诵是江南水乡孕育出的一种带有歌唱性质的语言,尤其是常州方言中的入声字更增加了吟诵调独特的音乐色彩。

自20世纪80年代起,秦德祥就开始了常州吟诵的保护和研究工作。1987年,秦德祥初拟了采录吟诵的计划,去征求市政协副主席、江南名儒钱小山老先生的意见。当时电脑尚未普及,那个计划是用钢板铁笔蜡纸刻印的。钱老听他说起"吟诵"两字,当即摇头晃脑地吟了起来,可惜的是,当时秦德祥还没有买录音机。钱老的肯定给了秦德祥莫大的鼓舞。

那时的采录,完全是个人行为。秦德祥平时忙于本职工作,加上经济条件有限,所以直至1989年以四百元自购了一台三洋录音机后,才开始进行实际的采录工作。由于当时的交通远不及如今便捷,秦德祥的采录工作只在当地进行。采录的方式主要是在课后回家途中,他蹬着自行车,带着小录音机,略备一点儿水果之类的小礼品,逐一登门拜访,录制音频。

令秦德祥倍感痛心的是,时隔两三年,钱小山老先生已离开了人世,采录只能从秦德祥的中学语文老师钱璱之先生，也就是钱小山先生之子开始，然后以顺藤摸瓜的方式逐渐拓展开去。1990—1991年间，秦德祥采录了二十六人，其中十五人一百五十多个篇目的录音有效，其余十一人则因音调难以分辨或系外地人、用外地方言吟诵而留作备用参照资料。1997—1998年他又进行了一次补录。

采录了音频后，1994年秦德祥开始对所获资料进行有选择的记谱等案头工作。为了便于传播，他开创性地采用五线谱记谱，经历了漫长而艰辛的过程，终于在2002年出版了《吟诵音乐》，并将所有的谱子刻录到CD光盘中。这套资料成为常州吟诵申报国家级非遗代表性项目名录的基础材料。

采录过程中，发生了很多令秦德祥感动的事。常州吟诵中唯一正宗的唐调女传人陆汝挺先生，虽年事已高，但热情极高，一再要求秦德祥多录音，每次录音前她都要求自己加强营养，以便吟诵效果好些，录过三次以后，她又要求秦德祥为之复制数十盘录音带，供她寄往无锡茹经堂以及在美国、中国台湾地区的老同学。已退

赵元任和赵如兰父女

《赵元任程曦吟诵遗音录》

休的语文教师何祖述先生国学底蕴深厚,不少人都说他的吟诵很好,但其为人十分低调,秦德祥数次拜访,他总是说不会吟,在近二十次的拜访后,他终于曼声细吟了数首诗词。录制完毕后,秦德祥还得到一份珍贵的意外收获。

著名语言学家、音乐家赵元任先生曾写过数篇有关常州吟诵的论文,并录制了多首自己吟诵的诗词。据其女儿赵如兰回忆,赵元任先生去世前,犹自用常州方言低吟杜甫《旅夜书怀》中的两句:"飘飘何所似,天地一沙鸥。"2004年前后,被秦德祥的坚持与努力打动,经赵元任先生的次女赵新那教授联系,在美国的刘君若教授将赵先生1971年的常州方言吟诵音像资料无偿赠送给秦德祥,使这份流落海外三十二年的珍贵音像资料回归祖国。经多年努力,秦德祥等人完成了这批资料的曲调及语音记录工作,于2009年出版了《赵元任程曦吟诵遗音录》一书,为从事相关研究的学者及后人提供了非常珍贵的文献资料。

秦德祥在吟诵古诗词

秦德祥在采录过程中,也有很多遗憾。除钱小山老先生外,还有在上海的刘海粟、谢稚柳等书画大师,均未能为之录音。瞿秋白的儿时玩伴、诗人羊牧之老先生当年已经九十岁高龄,他虽认真吟了数首,还亲笔将所吟诗句写出来,标上平仄声符号交给秦德祥,无奈其嗓音已老化,已经难以辨别音调高低了。听人说老语文教师梅鹤征先生擅长吟诵,1991年国庆假期,秦德祥专程去武进区横山桥镇采录,未料刚下汽车,就得知梅老先生已在半个月前猝然离世了。

1999年,秦德祥退休。2005年,秦德祥去常州市文化局寻求支持,接受了申报非物质文化遗产项目的建议。秦德祥逐渐认识到,常州吟诵在语言风格统一的基

秦德祥在常州吟诵研习班上课

2016年4月秦德祥在常州吟诵传习所（市文化馆）授课

2016年秦德祥在常州吟诵传承基地(龙虎塘小学)授课

2016年6月秦德祥在常州吟诵传承基地(常州大学信息科学与工程学院)与学生座谈交流

础上，是允许和鼓励每个人的个性发挥的，同一首诗词可以有不同的吟诵版本。于是，他开始对全国乃至全世界的常州籍学者、常州吟诵的传人进行全面调查。在常州市文化馆及非遗保护中心的支持下，他向全国各地的常州籍知名人士寄发了一百四十三封调查信，再根据调查结果，赴京沪等地采录相关人士的吟诵录像，同时也对一些本地吟诵者补拍录像，连同20世纪的录音，共获得了六百多个篇目的音像资料。此后，经逐级申报，常州吟诵于2008年成功列入国家级非物质文化遗产代表性项目名录。

在三十余年的时间里，秦德祥各地奔波，共采录了三十二位传人，包括屠岸、周有光等常州籍知识界名人及常州当地老人。秦德祥说："我年轻时学习西洋乐器和作曲法，接受新东西是比较快的；但是我坚持传统的态度也很明确，保护常州吟诵这样的传统艺术，我们的脚跟是要牢牢地站在传统大路上的。"

通过三十余年的收集、整理和研究，秦德祥逐渐形成了自己的理论体系。他认为，吟诵是一种介于朗读与唱歌之间的汉文古典文学作品口头表现艺术的方式。这里面注意两个用词，一个是"汉文"，或者是"汉语"；另一个是"表现"感情的表现，不是表演，它不是表演给别人看的。其实还有一个重要的词是"口头"，非物质文化遗产主要就是口头的东西，没有文字记载。后来虽然有了文字记载，但它的源头是口头，有其灵活性。关于吟诵的基本规律，秦德祥总结出来是"平长仄短、平高仄低"，这是南方的语言。北方的语言是"仄低平高"，还有"平直仄曲"，还有就是"短句反复，变通运用"。吟诵最基本的就是格律诗、近体诗的吟诵，人家说你会吟诗，实际上吟的是格律诗，就是五绝、七绝、五律、七律这四种体裁。包括"平直仄曲"，如果说你会了这个东西，可以说你会吟诵了，但这只是初步的。至于吟词、吟古体诗、吟文章就是高级阶段了。所以会吟诵近体诗就可以称为会吟诵了，这个规律就是从这上面来的。

2012年，秦德祥被评为国家级非物质文化遗产代表性项目吟诵调（常州吟诵）代表性传承人。他深知作为该项目唯一一位国家级传承人，传承的责任很重。他将传承工作分为两个层次:一是培养教师队伍,二是进行普及性教育。

一心扑在教学事业上

自2010年10月开始,秦德祥就开始在常州市文化馆开办初、中、高级常州吟诵研习班。他始终秉持着三点原则:完全免费、来去自由、宽进严出,为常州吟诵培养"二传手"。秦德祥坚持每周上课,风雨无阻,他说,这是做老师的职责。"只要他愿意来学,哪怕只有一个人,我都要认真地教。"

另外,秦德祥也很重视学校的普及性教育。在常州,无论是在中小学还是大学的课堂上,经常会出现他的身影,随之传出的就是悠扬的吟诵声。即使在秦德祥生命的最后一年里,他依然在思索,如何将常州吟诵与小学课程更好地结合,怎样基于小学课本中的七十五首古诗词,开展常州吟诵的实践和教学。

秦德祥徒弟胡进中回忆:"2012年,秦老师办了吟诵传习所,选了他采集到的资料中优秀的、有代表性的作为教材来教大家。但是,他教大家的时候并没有用赵元

秦德祥徒弟胡进中

任、屠岸、周有光这些顶级人物的原始录音，而是根据他们的音调，自己重新吟诵来教大家。"这里面体现了秦老师通过1991年到2001年这十年的收集材料和分析、研究，探索出了自己的路子。比方说赵元任的十七例中第一首是王维的《鹿柴》，赵元任的原始录音，这四句诗只有十秒钟，而当2002年秦老师还没有拿到赵元任的原始录音，只拿到他的音谱的时候，就试着模拟吟诵，用了十四秒时间。而到2012年出这本教材的时候，秦老师又重新亲自录了一遍，这一次录音有三十秒。之所以如此，按照秦老师自己的说法，一个是尊重传统，另外一个是强调了吟味，也就是长音更加拉长了、短音更加缩短了，使得对比更加强烈，感染力更强。他发现赵元任那个时代是清末民初，而20世纪90年代采集的一些老一辈的吟诵，实际上是民国时期至新中国成立初期一些人的吟调，这里面已经有了发展，音乐味更加重了，速度更加缓慢了，吟味更足了，所以他做了这样的改动。其实，秦德祥这本书中收集到的其他吟调都是这样，每一首跟吟诵的原始录音相比都有变化，都有提高，所以这本书中写的不是赵元任吟调，而是据赵元任吟调，由他自己重新吟诵。不光是这样，2013年，秦德祥又出了本小册子，叫《学一点"常州吟诵"》，对一些吟调又做了进一

《常州吟诵三百例》

步的改变，也是为了突出吟味，跟时代更加吻合。所以并不是像某些人理解的，他只是固守传统，实际上他是谨慎地在不断探索怎么发展，怎么推广，让吟诵更接近社会，更接近时代。

2015年8月《常州吟诵三百例》出版，汇集了从1987年至2013年采录的三十二位常州吟诵传人的六百余例录音、录像资料中遴选出的三百零五例，以文字、乐谱（简谱与五线谱对照）及光盘（四张）三种方式，全面展现了国家级非物质文化遗产代表性项目吟诵调（常州吟诵）的样貌。

2016年初,"秦德祥——吟诵调(常州吟诵)"记录工作正式启动。项目立项时,秦德祥已被确诊为肺癌晚期,但是为了把毕生积累留存后世,他毅然全力配合记录工作,在各传承基地间奔波。身体虚弱的秦德祥,每周只能接受一个小时的访谈。在整整九个月时间里,工作团队和秦德祥一起与时间赛跑,尽可能全面、完整地拍摄秦德祥与常州吟诵的方方面面、点点滴滴。在最终的项目验收中,该项目以翔实的资料、严谨的学术态度获得评委们的一致认同,被评为优秀项目。

在最后一次录制中,秦德祥对该项目学术专员、自己的学生楼益华语重心长地说,他尚有未完成的心愿:一是继续探索如何更好地将吟诵带入小学课堂,二是推动常州吟诵申报人类非物质文化遗产代表作名录,三是期待着在2016年10月举办的"首届常州苏东坡吟诵节暨吟诵学术研讨会"上与各地专家共同交流讨论吟诵的保护问题。

但秦德祥没有等到这三个愿望实现。2016年9月23日,他永远地离开了我们。秦德祥对常州吟诵的坚守与付出永远地留在我们心中,他毕生的积累与思考都以音像和文字的方式永远地保存下来,也将继续指导和推动常州吟诵的

2016年秦德祥在常州未园进行口述史采集

2016年秦德祥在常州近园接受徒弟楼益华采访

传承和普及。

斯人已逝,但一颗沉甸甸的果实却呈现在我们面前。以承为祭,愿更多的人记住这位老人,传承这份古老的文化遗产。

此时,我们耳边仿佛又响起了秦德祥那婉转悠扬的吟诵声:

人有悲欢离合

月有阴晴圆缺

此事古难全

但愿人长久

千里共婵娟

小寨里的大歌：

潘萨银花与侗族大歌

田苗

潘萨银花

　　潘萨银花(1944—)，本名潘玉清，侗族，贵州从江人，国家级非物质文化遗产代表性项目侗族大歌代表性传承人。潘萨银花八岁开始学习侗歌，十七岁在对歌活动中唱赢对手崭露头角，之后逐渐成为侗族地区公认的优秀歌手，擅长多类侗歌。1990年，她到贵州艺术专科学校担任过侗歌教师，之后一直在小黄村生活，劳作之余唱歌、编歌、教歌，代表作品：《感谢远方的客人》《欢迎你到侗寨来》。

贵州从江的小黄村

在遥远的大山深处

随着村中小溪流淌的

是侗人的歌声

请跟随着溪流

去聆听

云的声音

风的声音

大山的声音

去找寻侗族大歌里的天籁之音

薪火相传的侗族大歌

　　侗族是我国一个历史悠久的少数民族,他们主要生活在贵州、湖南、广西、湖北等省区交界处的崇山峻岭之中。据说侗族有三样宝:鼓楼、大歌、风雨桥。侗族是一个全民歌唱的民族,孕育出了丰富多彩的音乐文化。侗族大歌就是侗族音乐文化中最闪亮的明珠,被誉为"天籁之音"。

　　侗族大歌是一种无指挥、无伴奏的多声部民间合唱。其主要特点是曲调悠扬

小黄村参加侗歌演唱比赛的歌手在演唱(王海涛摄)

婉转、高亢宽广;演唱方式以"众低独高"、复调式多声部合唱为主。侗族大歌从内容上可分为鼓楼大歌、声音大歌、叙事大歌、戏曲大歌等。侗族大歌是我国目前所发现的最完整、最丰富的多声部合唱形式,需具备很高的演唱技巧。它的发现打破了过去西方音乐学者所持有的"多声部合唱只可能产生在西方的教堂里"的观点。

侗族大歌的演唱内容、表现形式,与侗族人的生活习俗密不可分,是侗族文化的直接表现。过去,侗族没有自己的文字,大歌就成了侗族人民记录本民族历史文化的最好载体。2009年9月,侗族大歌列入联合国教科文组织人类非物质文化遗产代表作名录。

唱歌在侗族人民的生活中具有崇高地位。年长者教歌,年轻者唱歌,年幼者学歌,薪火相传,而歌师就是传续大歌的纽带。歌师是教孩子们唱歌的老师,侗语称之为"桑嘎"。侗寨人人都会唱歌,但不是每个人都能教歌,真正能称得上"桑嘎"的,一个寨子里没有几人。潘萨银花就是一位远近闻名的"桑嘎"。

鼓楼对歌

潘萨银花,"萨"是侗语"奶奶"的音译,潘萨银花就是"潘银花的奶奶",这是壮侗语诸民族独特的称呼习俗,民俗学界称之为"亲从子名制"。当新生儿出世,长辈们就渐渐不再使用原来的名字,而是在新生儿名字之前加上"卜"(父亲)、"乃"(母亲)、"公"(爷爷)、"萨"(奶奶)等表示辈分的字。仅从亲属称呼上,就能看出侗族的宗族传承,亲从子名既体现着长辈对晚辈的怜爱,也蕴含着为长者讳名的尊老敬老传统。①

侗族宗族观念浓厚,侗族大歌最基本的传承方式就是家庭传承。潘萨银花三四岁时,奶奶、外婆、母亲就开始教她唱只有几句歌词的儿歌,诸如《筑塘歌》《青蛙

---

① 详见周俊:《壮侗语诸民族人名的命名法则探究》,《贵州民族研究》,1999年第2期。

歌乡小黄村全景（王海涛摄）

歌》《麻雀歌》。儿歌是单声部的,不分高低音,却是极其重要的启蒙教育素材。在侗歌世家的熏陶下,孩提时代的潘萨银花就展现出歌唱的天赋,长辈教过几遍后,同龄伙伴们还未学会,她就能奶声奶气地熟练歌唱了。当伙伴们吃完晚饭后玩耍时,潘萨银花还单独找长辈学唱儿歌。"我从小就真心喜欢唱歌,从三四岁到七十多岁,我一直都在学歌,"潘萨银花回忆童年时动情地说道,"侗族大歌是学不完的,我现在会唱的几百首侗族大歌,也不全是长辈教的,还要去学其他人的大歌。"

小黄村的人,一生的大部分时光都同时属于某个家庭和某个歌班。家庭是亲缘关系,歌班则是其融入地缘社群交往并确立社会身份的依托。男孩子和女孩子分班学歌,孩子们常组队到寨子里的歌师家学唱侗歌。孩子们小的时候先要学习一些模仿自然声音的简单歌曲,一方面是练习声音,另一方面是培养团队的默契。稍微大一些,歌师就会教孩子们一些比较复杂的叙事歌和戏曲歌,让孩子们通过学歌,学到历史社会知识和为人处世的道理。

歌师会根据听力和嗓音,选定一个人领唱,并根据每个人的声音条件,安排声部。这样的配置一旦确定,终身都不会改变。歌班正式学歌两三年后便稳定下来,成员少有变动,长期朝夕相处。每个歌班会形成一套特有的大歌曲库,有固定的演唱习惯和稳定的角色分配。到了十几岁的时候,孩子们就开始学唱情歌。

豆蔻梢头二月初,从声调稚气到歌声嘹亮,潘萨银花也长成大姑娘,恰是唱歌最好的年纪,她和寨子里的姐妹们结伴参加月也。"月也"是侗语"做客"的音译,是友好侗寨之间盛大的娱乐活动。客寨的男女老幼集体到主寨做客,白天演侗戏、吹奏芦笙,晚上在鼓楼对唱大歌,潘萨银花还担任歌班的领唱。

在鼓楼对歌是侗族最隆重的歌唱仪式,经常通宵达旦。对歌的全体参与者皆着盛装,而其中最美的莫过于未婚女子,她们头上的银饰纷繁,细巧的花鸟银饰随着姑娘的一举一动颤摇;手腕间、耳旁、颈上、胸前,这些有分量的装饰,如星星一般闪烁,随着姑娘的动作叮当作响。女性衣服所用的布是侗族传统的深紫红色的亮布。这种闪闪发亮的布是侗族女人在农闲时节织造,再用蓝靛染色,涂抹牛皮胶和蛋清后,用木槌反复敲打做出来的。侗族人相信穿上这样的布做的衣服,会带来好运。

亮闪闪的银饰,深紫红色的亮布,布满刺绣纹样,再点缀一些绢花在发间,使得侗族姑娘周身一片灿烂。光线在姑娘们的银饰和衣服上流转不定,所有人的眼光也会停留在姑娘们的身上,她们让鼓楼生辉,鼓楼就是她们的舞台。

开场歌是"噢嗬顶",它是歌班互相赞美谦让并问礼的歌。唱完"噢嗬顶"之后,女性歌班一般会选择一套"嘎话屯"(短句歌),男性歌班则根据对方演唱的曲目,相对自由地选择一套适当的"嘎话屯"相陪。"嘎话延"(长句歌)是鼓楼对歌的主体歌,这类歌谣篇幅较长且男女歌班的歌词对应极为严格。一般来说,一首歌对完需要一个小时左右,一般由女性选择一首男性歌班亦会演唱的曲目供双方对唱。

双方唱到累乏或围观之人聚多之时,女性歌班便会被邀请或主动演唱一首炫耀嗓子和歌唱技巧的"嘎所"(声音歌),歌词很少,主要模仿大自然蝉虫鸟鸣的声音。一般来说,唱到声音歌,一场对歌便可宣告结束,但双方歌班往往尚有兴趣对歌,于是进入自由对唱阶段。由女性歌班选择唱"嘎话屯"还是"嘎话延",并决定唱多久。这个阶段的对歌充满技巧,成熟的歌班一般会在这个时候暗暗展开歌艺和歌技的比赛,这也是整场鼓楼对歌中最"过瘾"的时候。

如果双方都是歌艺成熟的歌班,一方往往会邀请另一方表演"嘎吉卜"或"嘎窘"。这两种歌都是无须回应的叙事歌,因为其篇幅较长,演唱技巧较为复杂,歌词扣人心弦,最能充分地展现一个歌班的歌艺。

一般来说,一场对歌结束于三种情况:一是唱到尽兴双方协议散去;二是到了吃饭时间,此时对歌可以戛然而止;三是男女双方最后一场对歌快结束时,主客寨歌班唱"分别歌"以示此次对歌活动的整体完结。

这样的声音既新鲜又古老,溢满他们的村寨,流淌在每个人的心里,唱歌的人和听歌的人都心生欢喜。

妈妈歌班

侗族男子的歌班一旦成立,就会延续一生,只要是一个歌班的人,就是一辈子的兄弟。然而,侗族女子一生会经历两个歌班:第一个是未婚女性歌班,第二个是妈妈歌班。

未婚女性歌班是从她们出生时候就开始,在集体出嫁的时候结束。每个未婚女性歌班都有自己的月堂,一般月堂设置在歌班成员家中,通常这家的母亲或者外婆有能力担任歌班的主要歌师,方便姑娘们学歌。月堂要宽大,能容纳相当数量的人,还要在主要村路附近,方便男子们常来做客。当时潘萨银花所在的歌班是小黄村唱得最好的歌班,而她是领唱,高音、低音俱佳。

未婚女性歌班是一个待嫁群体,一般会维持到姑娘们十七八岁论及婚嫁,一旦通过对歌找到恋爱的对象之后,会约定在同年同月同日出嫁,歌班就会随即解散。

潘萨银花自幼不识字,后来钟情新黔村一位"肚里有墨水"的男青年潘显文,他不仅擅写文章，还会编侗戏，最终两人喜结良缘。潘萨银花二十岁成家。侗族当时还保留着"不落夫家"的婚俗，婚礼之后新婚夫妇并不同居，新娘返回娘家居住，只有逢年过节或农忙时节，新郎才派人接新娘过来帮忙。新娘干完农活和家务，依旧返回娘家居住，或者在夫家仅仅暂住一两个晚上。如此迎来送往三五年之后，新娘才正式长住夫家，才算成家。

侗族女子住到丈夫所在的村寨以后，如果生的是女孩，年轻的妈妈们就带着女儿组成妈妈歌班。潘萨银花成家后，育有两子一女。在妈妈歌班里，她既教自家孩子，也教别人家孩子。毕竟大歌不是一个孩子就可以唱的，人越多唱得越好，人少的话高低音就配合不好。

像潘萨银花这样的年轻妈妈来自不同的村寨、宗族，原来分属不同的歌班，彼此间在大歌曲目和演唱风格上各不相同，因此她们也要重新学习和排练。妈妈们在一起唱歌，开始的时候是很难的，各人会的歌也不一样，同一首歌的唱法或用的调子也不一样。开始的时候妈妈们互相学习，看谁会的歌多，就以谁为标准，向她学习。

农忙时节，妈妈歌班和经常对歌的邻村男歌班会在一起栽种和收割。他们觉得对歌的时候互相玩得好，在一起干活会充满乐趣。潘萨银花说："我一直都喜欢唱歌，发自内心地喜欢。很多好句子都在侗族大歌的歌词里，都在歌里。白天到山上干活，累了休息的时候也会唱歌。有时干活辛苦了，想到某句歌词很适合自己，就会唱起来，这样干活也轻松很多。"

歌班不仅将同村的同龄人组织起来形成了一个个集体，还通过对歌的方式让不同村寨的歌班间形成一种紧密的纽带，青年男女通过对歌解决了婚配问题，而成年的劳动主力们靠对歌的方式形成了一种大范围跨村寨的生产互助组织。

大歌是当地人世世代代的生活，独立于音乐学说之外，比音乐学说更久远、更多样、更有生命力。大歌将所有的同龄人组织到了一起，形成了类似兄弟姐妹的关系，这样一来，侗族社会中除了以血缘关系形成的纵向结构外，又有了以歌班维系的横向联系,这一横一纵两条纽带织成了一张网,将侗族社会中的每一个人都联系起来,形成了强大的文化凝聚力和社会向心力。

饭养身,歌养心

潘萨银花虽然不识字,但是记忆力超群。丈夫潘显文擅长编侗戏和大歌,新编的歌词潘萨银花念几遍,就烂熟于心。鸾凤和鸣的日子在潘萨银花四十岁那年戛然而止,潘显文身患肺病,撒手而去,连乡亲们都备感惋惜。潘萨银花悲不自胜,很长一段时间里不愿外出见人,更不愿唱歌。

几个月后,北京的两位老师来访,邀请潘萨银花唱歌。当时她还处在丈夫早逝的悲痛中,又带着三个孩子,便婉言拒绝了。从江县文化馆的陈春园老师就来动员她,讲道祖祖辈辈把侗族大歌传下来,一定要唱下去,丢不得。在陈春园老师的鼓励下,潘萨银花重新放开歌喉。

小黄村歌班在国家图书馆演唱侗族大歌

潘萨银花从十八岁起就开始教歌,教过的"弟子"已达上千人,包括潘艳梅、贾美兰等一大批歌手。小黄村的妇女们,只要有不会唱的大歌,都会来请教她。喜欢侗族大歌的外地年轻人也会慕名而至,有些大学生专门来小黄村,跟她一学就是好些天,还用录音机录下歌声,回学校后记谱,反复学唱。2007年4月,由小黄村九位侗族小姑娘组成的歌队赴日本、法国演出。她们穿着亮丽的侗族服饰,用美妙的侗族大歌征服了异国他乡的观众,被当地媒体誉为"九朵金花",这其中就有潘萨银花的学生。

2009年,潘萨银花被认定为国家级非物质文化遗产代表性项目侗族大歌代表性传承人,虽然已经年近七旬,但她仍旧不遗余力地义务教唱。侗族谚语说道:"汉人有字传书本,侗人无字传歌声。祖辈传唱到父辈,父辈传唱到儿孙。"除了在传统的歌班教歌,潘萨银花平时还会去小学和传习所教歌。2010年3月,小黄村侗族大歌传习所正式成立,地点就设在潘萨银花家里,常年开设大歌课程,尤其重视儿童和年轻人的大歌教学。群山叠翠,雾霭氤氲,幽静古朴的侗寨传出阵阵稚嫩的歌声,那是侗家娃娃们正围坐在潘萨银花身边高声歌唱。

如今,侗族大歌走进了小学课堂,增添了新的传承方式。潘萨银花不仅教歌,至今仍在唱歌。她是村里老年歌队的成员,每天跟七八十岁的老姐妹一起学歌、唱歌,日子过得多姿多彩。潘萨银花说:"要不断地去学侗族大歌,不断地去教别人,这样才记得住。"

"饭养身,歌养心。"侗族人常把这句谚语挂在嘴边。歌唱是侗族人祖辈传承的生活方式,但是现在侗寨的很多年轻人走出大山闯世界,唱歌的人越来越少了。潘萨银花对此并不悲观,在她看来,侗族在,大歌就在;大歌在,侗族就在。只要过年时孩子们回家,他们就一定照样唱起侗族大歌,一定会把侗族大歌唱下去,传下去。

一生相恨如初见：

吴家兴与侗族琵琶歌

史建桥

吴家兴

　　吴家兴（1942—2018），侗族，贵州榕江人，国家级非物质文化遗产代表性项目侗族琵琶歌代表性传承人。他十五岁正式学唱琵琶歌，二十出头即可进歌堂对歌，1970年出师传徒，是四十八寨侗族地区著名的歌师。他带出大批徒弟，同时担任"民族音乐进课堂"的教师，为侗族琵琶歌的传承做出了重要贡献。唱歌、教歌之余，吴家兴也编创琵琶歌作品，代表作：《人生一世》《望子成龙》《夫妻相和》等。

生来爱唱琵琶歌

一世相守琵琶缘

为歌而痴

因歌有梦

"相恨"在侗语里是相思相恋之意,也是一把琵琶的名字。琵琶的主人叫吴家兴——一位一辈子爱歌、唱歌、教歌、传歌的歌痴。

　　吴家兴的家乡——贵州省榕江县寨蒿镇晚寨村,属于四十八寨侗族地区,是侗族原生态文化最具代表性的地方之一,也是侗族琵琶歌之乡。生于斯长于斯的吴家兴,十五岁与琵琶歌结缘,一辈子与之不离不弃,如醉如痴。

琵琶歌之乡

　　侗族琵琶歌是一种以侗琵琶为伴奏乐器的民歌形态,主要流行于贵州、广西、湖南的侗族居住地区。明代邝露《赤雅》:"侗亦僚类,不喜杀,善音乐,弹胡琴,吹六管,长歌闭目,顿首摇足,为混沌舞。"有学者推测"胡琴"指的就是侗琵琶。清代《黎

吴家兴居住环境

平府志》所谓的"男弦女歌"也与侗族琵琶歌有关。

"饭养身，歌养心"，琵琶歌早已成为侗族人民生活中不可或缺的一部分。每逢节日或劳动之余，全寨的男女老少都会尽情欢乐，弹起琵琶，传歌对歌，其乐融融。侗族人民弹侗琵琶、唱侗歌、跳侗舞，载歌载舞，用歌传承历史，用歌表达爱慕之情，用歌劝人向善、孝敬父母，甚至用歌化解邻里纠纷和夫妻之间的矛盾，用歌讲述他们想表达的一切。因此，在记间节①、新米节②、春节、侗年等重要节日，或者在祝寿、嫁娶、造房、架桥、修路、庆丰收等重要场合，都会唱响琵琶歌。

在侗族祖辈流传下来的浪漫传说里，琵琶歌的诞生与大自然有关：音调模仿蝉鸣，琵琶是受了斧头砍树声音的启发。据说很久以前，一个勤劳的人去山上伐木，把树砍得"哐哐"响。正巧有一只蝉在叫，砍树声与蝉声相和，聪明的砍树人突发奇想，或许可以模仿蝉的声音唱歌。于是，蝉"唧唧"地叫，砍树人就"哦哦"地唱。为了能与歌声相和，砍树人用木头做了一个碗口大的音箱，以麻绳做弦，第一把侗琵琶就这样来到了世上。

琵琶歌的音调是否由模仿蝉鸣而来有待考证，但这个故事至少说明了它跟大自然有关系。有一种叫"嘎昂"的歌就惟妙惟肖地模仿蝉鸣的声音："国吉哟国吉哟，心想情妹呀。"六月天，树上蝉叫声声，树下歌声阵阵，诗情画意扑面而来。

侗琵琶是琵琶歌的伴奏乐器，侗语称"嘎琵琶"。它是侗族人民传统的弹拨乐器，据记载已流传了六百多年。侗琵琶制作非常讲究，一般用上乘原木纯手工制作，音色清脆悦耳。侗琵琶有大琵琶、中琵琶、小琵琶三种，一般三弦或五弦。侗琵琶的表现力很丰富，既可以弹得如泣如诉、缠绵悱恻，传达出青年男女之间细腻美妙的情感；也可以深沉低柔、雄浑感人，仿佛历史的长河在耳边流淌。

———————————

① 记间节是四十八寨侗族最古老、最传统、最隆重的节日，由"踩歌堂"、斗牛、祭"萨"、文化社交等活动组成，七年过一次，每次持续五至九天。
② 新米节亦称"吃新节"，盛于广大侗乡，每年举办一次。侗族人杀猪宰牛、下田捉鱼、摆长桌宴，庆祝丰收。

琵琶的形制、定弦不同,演唱的场合和所运用的土语、嗓音也存在差异,因此,侗族琵琶歌形成了多种风格。依据歌曲内容大致可分为抒情琵琶歌和叙事琵琶歌两大类。抒情琵琶歌一般是青年男女在月堂行歌坐夜的时候弹唱的短小情歌,这类琵琶歌也叫"坐夜歌",多用小琵琶伴奏;长的叫叙事琵琶歌,是有名望的歌师或老人们在鼓楼表演的弹唱,演唱内容具有教育性和叙事性,一般使用大琵琶伴奏。侗族琵琶歌不仅具有很高的艺术价值,还有很强的文化功能。歌词涉及历史传说、人类起源、生产劳作、爱情婚姻、风尚习俗、社会交往、道德伦理等,可谓侗族人民的"百科全书",是研究侗族历史文化的重要依据。

侗族琵琶歌的演唱形式多样,有男子自弹自唱或男弹女唱的,有男女都可自弹自唱的;对歌也是侗族青年男女谈情说爱的重要方式,有男女二人对歌和男女群体对歌两种不同的表现形式。

侗族人人会唱琵琶歌,但是真正能成为歌师的是那些嗓音、演唱和弹琴都很好的人。侗寨一般都有歌师,他们从小就跟前辈歌师学唱侗族琵琶歌,多年以后才能出师。歌师一般都博古通今、才智超群,是村寨里非常受敬重的人。请歌师出面应酬礼仪,会增添主家或整个村寨的光彩。有歌师在,歌曲会更加美妙动听,歌的内容会更加丰富多彩,唱歌、对歌就更有吸引力和动力。如果是节日和重要场合的入堂唱歌,歌师的水平则决定了整个活动的气氛和大家的欢乐程度。因此,请歌师就成了重要的事情。好的歌师人们都争着请,有的人担心歌师不答应,还会先给订金。接歌师的时候是很讲礼数的,一般由两三个人来接,特别重视的会特意安排两男一女,男生要长得英俊,女生起码嗓音要好。歌师在人们心中的地位由此可见一斑。

入堂唱歌

侗族人民在记间节、新米节、侗年都会入堂唱歌。这些活动都有繁复的流程,人人重视,仪式隆重。

　　如果歌师是从别的寨子请来的，村里的人会在寨门口拦路。如果是男歌师的话，姑娘、妇女们就唱拦路歌；如果请的是女歌师，一群男生会在寨门口拦着唱拦路歌。所谓的"拦路"，其实表达的是诚心诚意的欢迎。进村前对歌越热闹，越能表达邀请方的热情，同时也考验歌师的水平，增添了欢乐的气氛。距离寨子起码还有一里路时，寨子里的男女老少都来夹道迎接，一直把歌师迎到入住的那户人家，而且一路放鞭炮、放烟花。

　　过年或过记间节的时候，一般是正月初二入堂。路途远一点儿的，腊月二十九就会接歌师进村，休息两天后，正月初二开始唱歌。正式唱歌那天，人们做各种准备，比如烧开水、烧炭火，还会放很多鞭炮和烟花。歌师是最受尊重的，县长来了都不会放那么多鞭炮。

徒弟吴柳艳在记间节踩歌堂环节上演唱

　　入堂前也有特别有趣的仪式。有的地方是英俊小伙儿骑马入堂，在歌堂里转几圈。歌师是两人一对，一人抓马鼻子，一人唱赞美歌。歌词一般是赞美骑手一表人才，家里万事大吉。如果能抓住马鼻子，骑手就会送歌师钱。据说过去用铜钱的时代，歌师接的钱能装满整个衣袋。现在有的地方会用摩托车代替马，骑手绕歌堂转圈圈,歌师如果能截住第一个,后面的自然会停下来。这么热闹的仪式,一下子就把欢乐的气氛营造出来了。

现在,入堂唱歌有歌师送歌带的习俗。入堂前,不管是一二百人,还是几百人,全都入堂踩堂走圈圈。大家都穿着盛装,男的在里圈,女的在外圈。歌师带着一两个歌伴给大家戴歌带,边戴边唱赞美歌。那些被戴上歌带的人,会自动把钱放到桌上的竹篓里。这边放红包,那边主持人就宣布给乡亲们听。好的歌师唱一年赚的钱可以建一栋新房子。

歌师正式入堂唱歌时也有讲究,不是随便就开唱的,单是入堂歌就有好几个部分。第一部分是唱入堂对歌《何时吉》;第二部分唱入堂对歌《唯有此堂最热闹》;第三部分唱赞美村寨的歌,赞美村寨风景美丽、人丁兴旺、人杰地灵;第四部分要唱《劝世歌》,劝人向善;第五部分,唱《爱情歌》,之后还可以再唱《劝世歌》。

歌师唱完入堂歌以后,就唱与节日或活动相应的歌了,记间节就唱《记间歌》,主要是唱自己的祖先从哪里来,如何繁衍生息,如何迁徙到这里落寨。

当唱到很晚时,歌师会唱一首《退堂歌》劝大家回家休息:

> 静静下来听我唱,
>
> 时候不早我们该休息,
>
> 夜来风冷也让琵琶歇,
>
> 夜来风冷也都回家吧,
>
> 夜来风冷小孩易着凉,
>
> 男女老少也都疲倦了,
>
> 高的矮的也都辛苦了,
>
> 我唱这首是想告诉大家,
>
> 歌声如风过耳抓不住,
>
> 歌声如风过耳收不了,

　　哪家孩子哭得好厉害，

　　大家起身回去好好休息，

　　明晚我们继续来唱歌。

　　夜深了，人们在欢笑声中离开歌堂，回家休息。欢腾的寨子渐渐安静下来，大家意犹未尽地进入了梦乡。

学唱侗族琵琶歌

　　吴家兴1942年出生在晚寨村，是远近闻名的歌师。晚寨村被誉为"歌窝"，人人会唱歌，而且歌师辈出。1958年有八位姑娘进京参加会演，侗族琵琶歌因此广为人知，晚寨村的歌师也更受欢迎。

　　吴家兴从小就爱唱琵琶歌，十八岁正式拜歌师甫桃为师。他还记得师父的话："孩子啊，男生没娶到媳妇，只要学得这一套歌，不愁没人嫁给你。"这话在四十八寨地区一点儿都不夸张，会唱歌就非常容易找到媳妇。会唱歌的人大家都喜欢，不管去哪个寨子，如果唱得好的话，听歌的人人赞叹，姑娘也会爱上他。吴家兴的妻子吴东莲是当年八位进京姑娘中的一位，他们就是因歌而相惜相知、喜结连理的。

　　吴家兴二十出头就能进歌堂对歌了，不到三十岁出师传徒。凭着对琵琶歌的挚爱和勤奋，他熟练掌握了侗族琵琶歌的演唱技巧，学会了入堂对歌的全套礼仪。吴家兴跟着师父学会了很多歌，比如入堂赞美村寨的歌、《劝世歌》、记间节唱的《记间歌》、情歌、散堂时候唱的《退堂歌》等。年轻时，吴家兴唱长达几十个段落的琵琶歌都不在话下，跟老一代的歌师一样，所有的歌词都记在脑子里，张口就唱。吴正显编的《二十四孝歌》有七十二段，吴家兴都能背下来。唱歌不受歌本束缚，自由自在，声情并茂，这是他的强项。

吴家兴抄写和练习歌本

"称霸"整条河

在所有男歌师中,吴家兴可是"称霸"整条河(整个四十八寨)的人物,他五十多岁还在对歌,而且唱得仍然很好。那时候谁家盖新房或娶媳妇,请不到吴家兴去唱歌是不甘心的。他只要入堂去唱,肯定要唱得一批人流泪。吴家兴对怎样唱好琵琶歌有自己的理解,他觉得:"要把感情融入歌里,把心融进去。不同类型的歌,要唱出不同的风格。嘎样(情歌)是一种唱法,琵琶歌是另一种唱法。苦情歌要把声音唱得沙哑一些,就像真的要哭了一样才能感动听众;唱伦理歌、甜情歌,声音要洪亮一些,听众听了才会欢呼。歌师本来就是戏台的演员,就看你演得好不好了。唱歌要唱得婉转,要会转音,唱得太直、太平就不好听。转音底气要足,有穿透力,吐气均匀,这样别人才听不厌。"

2006年,吴家兴被认定为国家级非物质文化遗产代表性项目侗族琵琶歌代表性传承人;2009年,他到北京参加了少数民族歌唱比赛,在北京天桥剧场为北京的观众演唱了侗族琵琶歌。他的徒弟很多,平时他经常带徒弟们到各地参加文化交流，所以他们在四十八寨地区也是很有名望的歌师。

琵琶歌的唱词体现了侗族诗歌的最高水平，《姜娘姜美》《祖公落寨》是流传下来的经典。优秀的琵琶歌歌师都会自己编歌。吴家兴能歌、会弹、会教，还善于编写，一生自编的琵琶歌约有四五百首，《人生一世》《望子成龙》《夫妻相和》都是脍炙人口的作品。比如，《人生一世》短小而富有哲理："我唱支歌，大家静听，人生一世，犹如青草，秋去枯萎，春来又生。"《扁担无扎》更是家喻户晓，吴家兴四十多岁唱这首歌时，感情饱满，只要歌声响起，观众便会鸦雀无声。这首歌别的歌师也唱，但是谁也没有吴家兴唱得好，以至于其他村寨的歌师跋山涉水地找他来录歌。

好的歌师，除了能给自己编歌，也要给徒弟编歌，尤其要能编赞美村寨的歌，否则师父就被人瞧不起。吴家兴的徒弟们去唱歌前，往往会跟他要赞美歌。这时候，他一定会先了解清楚那个寨子的地理环境、风土人情等基本情况，然后才编歌。有一次大徒弟吴家文去育洞村唱歌，这个寨子四面环山，地形像一只乌龟。吴家兴就根据育洞村的地形特点写道："宝龙下海生存千年万代，你们吃穿不愁好生活……"

我敞开家门等你们来

以前的晚寨村，从老人到小孩几乎人人都会唱歌，人人都会弹琵琶。晚饭之后在寨子里走一圈，这家也弹，那家也弹，走到哪里都能听到琵琶声。如果晚寨村的人被邀请唱歌却不会唱，那是很丢脸面的。不过现在好多年轻人都出去打工了，平时寨子里的琵琶声少了许多。

吴家兴早已感受到了村寨里的变化，所以他很愿意教那些想学歌的人。他的五个女儿、两个儿子，个个会唱，五个女儿都成了歌师。二女儿银兰唱得最好，在四十八寨地区很有名。小女儿五兰师专毕业后担任教师，把琵琶歌唱到了德国，并获了奖。

吴家兴常年在晚寨村一带传歌，跟他学过琵琶歌的人不计其数，其中有六十多

侗族琵琶歌入门教学，吴家兴及其徒弟、徒孙，从左到右依次为吴江陆、吴长交（省级传承人）、吴东陆、吴银陆

人成长为优秀的歌师，并活跃在当地的歌堂中；有的还走进了小学的侗歌课堂，教孩子们唱歌。吴家兴教歌传歌几十年如一日，谁来找他学歌他都不藏艺，无怨无悔。他说："歌是不需要保留的，我留着歌给自己没用，吃也不得，喝也不得。不管从什么地方来的，只要决心学，我都愿意教；我家的门一直是敞开的，你们尽管来学，把琵琶歌发扬光大，歌师越多越好。"

吴家兴收学生先面试，他觉得脖子长的人唱歌百分之百好。吴家兴不拒绝任何一个学习者，只要想学歌他都教，他说："你条件好，你的脖子长，你的脖子细，你的嗓子好，那今后你肯定吃得下这碗饭。但是，不管你们谁想来学我都教，我都同等对待。"

吴家兴教歌有自己的一套，他就像老师在课堂讲课一样教学生。他觉得教得好，徒弟才学得快。由于侗族没有自己的文字，他就根据歌词的发音用汉字来记侗音,怎么唱就怎么记。徒弟照着歌词唱,很快就能学会。所以,周围的歌手都来找他学歌,也觉得他教得最好。

吴家兴给晚辈女孩们教歌是有要求的,他希望她们不要急着嫁人,等能够入堂唱歌,最好唱七八次后再出嫁。因为按照当地的风俗,尽管唱得好的女孩子也有人请,但是大部分人还是喜欢请未出嫁的女孩子去唱歌。如果女孩子只学了部分歌不能成为真正的歌师,就枉费了他的精力。徒弟们大都是孙女、外孙女辈,明白他的苦心,也愿意听从他的话。

吴家兴教歌的时候,不搞拜师仪式,学生也不用交学费。他教自己的徒弟时也是这样,从没有收过谁的学费,也从来没让谁给自己买烟抽。他就是爱好琵琶歌,有年轻人学歌他已经很开心了。徒弟们来学歌,不管是几天还是半年,都住在家里,他吃什么徒弟们吃什么。等徒弟们成为歌师以后,大都记得师父。徒弟吴家文每次唱歌回来都到吴家兴家里谢师,还要放鞭炮。

吴家文是吴家兴的得意弟子,是省级非物质文化遗产代表性传承人。他向师父学习了唱歌、弹琵琶和编歌后,自己也开始教歌,现在在小学“民族音乐进课堂”教侗族琵琶歌。有一次他在育洞村唱歌,老人们一听到歌声就赞叹不已,说他“一定是吴公(吴家兴)的徒弟”。吴家文听后,深受触动。他2000年拜师学艺,想把琵琶歌的精髓、师父的才能都学到,所以拜师的时候,按照传统的仪式上香、烧纸、唱《拜师歌》。在侗寨,拜师的时候唱《拜师歌》也是学歌的规矩,必须唱《起始歌》才能正式向师父学习。歌词大意是:

> 第一唱歌才明朗,
>
> 第二唱歌才清楚不模糊,
>
> 第三我唱了这首歌后像guangsi①一样,

---

① “guangsi”是侗语,意思是跟师父学歌,不管学什么都要学完整,不要忘记,要多上心。

但愿声音变得又好又明亮。

对于琵琶歌,吴家兴想的就是多传一些给来学歌的人。他觉得等自己老了,有些东西你记得,他不记得,或者这个人不记得,那个人记得,这样琵琶歌就不会失传了。

能一辈子唱琵琶歌,是吴家兴的梦。除了唱歌、教歌,如何把歌更好地传下去也是他挂怀的事。他觉得自己有责任把祖上传下来的宝贝保存下来,留给后人。他不但记录自己记忆中的歌,还四处奔走搜集歌曲。多年下来,他整理记录的传统曲目上百首,歌本有一摞。在吴家兴的心里,歌本比自己的生命还要宝贵,因为它们不属于自己,它们是先辈留给晚寨村、留给侗族人民的共同财富。

吴家兴把整理好的歌本小心翼翼地放在袋子里保存。那年晚寨村着火,眼看着快烧到吴家兴的家了,他顾不上其他财物,先救出那袋歌本。大火把吴家兴的房子和粮食全都烧光了,家人抱怨他只晓得自己的歌本,吴家兴却说:"这个东西耗费了我多少精力,所有的歌都在这个袋子里了。那都是祖祖辈辈留下的好歌,你去哪里还能找到这么齐全的歌,我必须先救这个。"文化馆的工作人员见到他时都感慨不已:"幸好有吴老师,不然侗族琵琶歌就失传了。"

吴家兴使用的琵琶

徒弟吴家文在小学侗歌班教课

　　吴家兴被认定国家级非物质文化遗产代表性项目侗族琵琶歌代表性传承人后,面对荣誉和赞美,他淡淡地说:"我只是学歌唱歌的人,算不上教歌传歌。"作为歌师,他深知自己的责任。因为祖祖辈辈传下来的琵琶歌已经融进了歌师的骨子里,它的价值与功能无可替代。"一个人口才再好,都没有唱歌好听。歌里的内容非常深入人心,没有不被打动的人。"的确是,村里有一家人重男轻女,丈夫因妻子生了女儿就常跟她吵架。徒弟吴家文去劝说,凭着一曲《男女平等》就化解了夫妻的矛盾。解决生活问题是侗族琵琶歌的社会功能之一,吴文彩编写的《嘎亮尼》(《二两银》)就源自一个通过唱侗族琵琶歌让夫妻破镜重圆的真实故事。

　　人生"相恨",只如初见。吴家兴一生都在弹着他的"相恨",诉说着他的脉脉情思,琴如其人,歌如其人。

　　斯人已去,弦音依然。一代又一代歌师,弹着他们自己的"相恨",继续唱琵琶歌,传琵琶歌。因为歌里,有祖先的声音,有今天的生活,还有梦。

梵音海潮音：

松纯与天宁寺梵呗唱诵

毛梦鸥

松纯

　　松纯（1927—2017），江苏兴化人，国家级非物质文化遗产代表性项目佛教音乐（天宁寺梵呗唱诵）代表性传承人。松纯八岁出家，十九岁在江苏句容宝华山隆昌寺受具足戒，先后在常州天宁佛学院、上海佛学院研习教理；1956年赴中国佛学院（北京）深造；1958年回天宁禅寺，任寺管会秘书长；1990年任方丈。松纯以梵呗渡众为己任，习得正统梵呗唱诵精华，具有深厚的功力，出声宽厚扎实，曲调流畅清晰，节奏沉着缓慢，韵味古朴清雅，且特擅击鼓技艺。松纯为佛教事业作出了毕业的修炼和贡献，是佛教界深有影响的人，代表作品：《炉香赞》《弥陀赞》。

佛教梵呗

三国以降，一脉相承

祷诵国家，庄严国土

祈祝百姓，利乐有情

天宁禅寺

禅宗丛林，江南名刹

钟磬响起，余音绕梁

梵呗声出，万籁寂静

1935年，江苏。

北方的战火尚未绵延至江南。村子里，一群小朋友正在玩耍，追逐打闹间，一个八岁的男孩突然停下脚步，蹲在了道边。一只四脚朝天的乌龟正在挣扎着，观察了一会儿后，这个孩子做出了此后影响他一生的一个重要决定：帮这个无辜的小生灵翻身。

此情此景，恰巧被一个老和尚撞见。后来，他就把这个孩子带到了苏北东台的一个寺院——鲍舍庵。谁能想到，这个孩子几十年后会成为"东南第一丛林"的常州天宁禅寺的方丈呢？

这个有着帮乌龟翻身的小小善念的孩子，就是国家级非物质文化遗产代表性项目佛教音乐（天宁寺梵呗唱诵）代表性传承人——松纯。

江南名刹，禅宗丛林

在佛教中，僧人和信众对经文的诵读有两种方式：念诵和唱诵。念诵，就是我们常说的念经；而汉传佛教中的唱诵则有一个特殊的名字——梵呗。

梵，原指古印度，后引申为"寂静、清净"之意；呗，则为"赞颂、歌咏"之意。梵呗之悠久，可追溯至我国历史上著名的三国时代。南朝梁僧人慧皎法师所著《高僧传》载有这样一则故事：曹操之子曹植"深爱声律，属意经音"，晚年政治失意，游览鱼山（今山东东阿一带），行至山林深处，远处传来的梵音歌唱，深深震撼了这位建安时期的大文豪。他便"又感鱼山之神制，于是删治《瑞应本起》"。

《太子瑞应本起经》是一部成书较早的佛教故事集，自释迦牟尼前生、投胎、修行、成道，一直叙述到化度三迦叶止。曹植的这段经历便成为鱼山梵呗的伊始，也成为汉传佛教梵呗的开端。在民间，人们将曹植视为中国梵呗的始祖。

"南朝四百八十寺，多少楼台烟雨中。"南北朝时期，佛教在中国的传播趋于鼎盛。不但在民间流行，而且统治者也是大为推崇。南朝梁武帝萧衍即位三年后便发愿归佛，还效法释迦牟尼舍王位出家的传说四度出家为僧。精通音律的梁武帝对佛教音乐的中国化起了重要作用。为了超度已故的皇后郗氏，他请高僧辑录的《梁皇宝忏》十卷，流传至今，成为常州天宁寺梵呗重要的组成部分。

唐代贞观、永徽年间，牛头禅祖师法融禅师[1]来到常州募化斋粮，因信众较多，便选环境清幽处筑室为居，名列禅宗四大丛林之一的常州天宁禅寺由此创立。

永徽年间(650—655)天宁禅寺初建时仅"筑室十余楹"。天复年间(901—904)才正式建寺，名为天福寺，到了北宋时期改为天宁禅寺。天宁禅寺占地一百三十多亩，寺僧最多时达八百余众。[2]至明清时，借着江南优越的经济、人文条件，天宁禅寺开始重视发展经忏佛事，僧侣的唱诵水平由此得到了极大提高。当时的天宁禅寺被认为是佛教仪轨(佛事的法则、规矩)保存最好的地方，甚至在清代还流传着这样一个说法——无论是来自哪个寺庙的出家人，只要到天宁禅寺挂单(到寺院投宿)一年，回去之后就可以当一名维那[3]了。天宁寺梵呗的地位由此可见一斑。

数百年积累，一脉相承。天宁寺梵呗至今仍完好地保留着齐梁时代的雅乐传统和江南音乐的风格，唱腔委婉，板眼规范，被宗教界和音乐界公认为南方梵呗唱诵的代表，有"天宁禅寺的梵唱盖三江"的说法。

---

[1] 法融禅师(594—657)，禅宗牛头派的创始人。唐贞观十七年(643)，法融禅师于牛头山幽栖寺北岩下别立禅室，以牛头山为中心之法系遂称为牛头宗，自法融至慧忠，牛头六祖盛极一时。

[2] 田青：《梵呗——人间佛教的弘法之舟》，《田青文集》(第一卷)，文化艺术出版社，2018年，第205页。

[3] 维那，或称维那师，是寺院里负责全部佛事唱念的僧人，是监察、管理僧众威仪的一个职位。

常州天宁禅寺大雄宝殿

20世纪20年代初,新月派代表诗人徐志摩来到常州,被天宁寺梵呗所吸引,提笔写下了散文诗《常州天宁寺闻礼忏声》:"我听着了天宁寺的礼忏声!这是哪里来的神明?人间再没有这样的境界……这一声佛号,一声钟,一声鼓,一声木鱼,一声磬,谐音盘礴在宇宙间——解开一小颗时间的埃尘,收束了无量数世纪的因果;这是哪里来的大和谐——星海里的光彩,大千世界的音籁,真生命的洪流:止息了一切的动,一切的扰攘……"

在徐志摩的笔下,天宁寺梵呗仿佛神明之声,源于天籁,沁人心脾,令世人久久不能忘怀。在那样一个外受列强欺凌、内有军阀混战的年代,那一声声佛号、木鱼、钟磬……仿佛化作久旱之后的甘霖,给人以难得的心灵慰藉。

而故事的主人公松纯长老,恰恰就出生在这个年代。

继承衣钵,百废待兴

松纯在苏北东台的鲍舍庵出家。他不仅学习了念经,还学习了音乐、法器、书法等,自然也要学习梵呗。据弟子们回忆,还是一名小和尚的松纯,每天都是凌晨四点钟起床上早课,念《金刚经》,学习仪轨、吹奏、打鼓、梵呗、坐禅、书画⋯⋯僧人的功课,样样都要学精通。就这样日复一日、年复一年,松纯长老在这里度过了宝贵的少年时光。

松纯长老的弟子廓尘大和尚介绍说:"我们学习梵呗的基础、选拔人才的基础就是嗓音要好,要宽、要堂、要挺。这几方面的特长师父都具备了。"这也是松纯长老后来致力于弘扬天宁寺梵呗重要的先决条件。

抗日战争即将结束,但人世间的纷乱却远未停止。此时的松纯长老已有十八九岁。他在句容宝华山隆昌寺受戒,又在当时中国最重要的佛教高等学府之一上海佛学院研习教理,随后就来到了常州天宁禅寺。尽管寺外战火纷飞,但青年时代的松纯长老初心依旧,还是每日早起诵经,刻苦钻研佛法。

机会总是留给有准备的人。或许是看到了松纯长老的刻苦与勤奋,当时天宁禅寺的方丈敏智老和尚让松纯长老进入衣钵寮①,主要工作就是照顾寺里的老和尚。真所谓近朱者赤,由此,松纯长老就有机会跟方丈学习,对于方丈修持的法门也就了解得更为深刻了。

新中国成立后,国家的宗教事业得到了良好的发展。1958年,松纯长老结束在中国佛学院的深造后,回到常州天宁禅寺主持寺务。松纯长老从这时开始下定决心,要致力于梵呗唱诵的传承与发展。

---

① 衣钵寮:佛教寺院的一个办事机构,有衣钵师父负责日常工作,主要负责照顾老和尚的饮食起居,也是方丈室的负责人。

20世纪60年代,天宁禅寺不可避免地遭受到了冲击。松纯长老也只得还俗,给常州当地一家造纸厂跑供销。经常出差使他的身体十分疲劳,但每每到了深夜,他还是会低声哼唱上几句经文。在那段艰难的岁月里,他忘不了天宁禅寺,更忘不了早已经刻在心底的梵呗之音。

时间转眼来到了1980年。改革开放的春风吹遍神州大地,也吹进了天宁禅寺破败的山门里。

那时,年过半百的松纯长老已经离寺十几年了。他响应政府号召,重返天宁禅寺,承担起修复庙宇、重整寺院的艰难重任。除了要清理被灯具厂、诊疗所、居委会等八家单位占用的寺庙建筑,还要妥善安排周围新增的三百多户居民。经过松纯长老的不懈努力,这些单位依次搬出了天宁禅寺,周边的居民也陆陆续续搬迁完毕。

那时的松纯长老工作起来有用不完的精力,总是说:"我的时间不够用。"他常常工作到肚子饿得不行了,才胡乱地吃一点儿东西。长此以往,他积劳成疾,患上了胃病。

据天宁禅寺档案室的工作人员介绍,松纯长老经常是拖着瘦弱的病躯,喝着中药,在工地监工。有一次,寺里的一位师傅熬好了汤药,端到大雄宝殿的修复工地,可是里里外外找了一圈,也没看见松纯长老的身影,他便询问殿内正在塑菩萨像的一位徐姓师傅。徐师傅笑道:"你光在地面上找怎么找得到啊?你得抬头看啊!"这一抬头,可吓坏了这位

20世纪80年代,松纯长老站在破败的大雄宝殿前

熬药的师傅——原来松纯长老顺着脚手架爬上了殿内的横梁,坐在一根圆木上,两条腿正垂下来晃荡呢。大家赶紧把他劝下来喝了药。

天宁禅寺逐渐恢复了往日的活力,不过,日渐消瘦的松纯长老却并没有安心。他心里最放不下的,还是寺里历史悠久的宝贵遗产——天宁寺梵呗。

寺院被修缮一新之后,松纯长老开始争分夺秒地恢复天宁寺梵呗的教学和传承。为了培养寺内的年轻人,他成立了天宁禅寺僧伽培训班,将离寺的老和尚请回来授课,其中包括精通梵呗唱诵的普云法师,以及精通水陆大法会仪轨的妙云法师等高僧。天宁禅寺的经忏佛事渐渐得以恢复,天宁寺禅梵呗再次响彻江南。

千年佛乐,一脉相承

中国佛教音乐南北有所不同。北方佛乐以笙管等乐器的演奏为特色,南方佛乐则以梵呗唱诵见长。天宁寺梵呗基本上采用纯声乐的演唱方式,一般只用法器(包括大磬、引磬、忏钟、铛子、铪子、鼓、木鱼等)伴奏,不用笙管丝弦。[1] 因此从音乐艺术的角度来讲,天宁寺梵呗更注重吟诵咏唱的声乐,尽管也有器乐,但成分较弱。[2]

天宁寺梵呗主要以经文为主导,按体裁可分为赞、偈、咒、文几种类型,并伴有各自的音乐旋律。而按照仪轨种类来分,又有修行法事(朝暮课诵[3]、斋食作法、梁皇宝忏)、典礼法事(斋天、普佛)、普济法事(瑜伽焰口、水陆道场)三大类。口传心授是天宁寺梵呗的传统教学方法,必须是师父手把手、一字一句、一铛一铪、一板一眼地教,徒弟一板一眼地学。这样才能学到正统正派、如律如法的天宁寺梵呗。

天宁禅寺监院廓慧法师说,天宁寺梵呗的独特魅力,一是字正腔圆,二是嗓音

---

① 赵芳:《天宁寺梵呗唱诵:千年佛乐 齐梁遗风》,《中国宗教》,2019年第10期,第68—69页。
② 周耘:《天宁梵呗研究》,宗教文化出版社,2014年,第25页。
③ 朝暮课诵,又称二时课诵,指佛教徒在朝起寅时(凌晨三至五点)、暮休申时(下午三至五点)所必做的法事仪轨,是修行中必须坚持的功课。

高亢。这两个特色之所以能保持至今,和松纯长老的严格教育有着密不可分的关系。

正是由于幼年时的刻苦学习打下了扎实的基本功,松纯长老在后来传授梵呗时才能成竹在胸、游刃有余。他对徒弟处处严格要求,时时亲身示范——敲磬的位置要合规合矩,必须朝东南方敲,不允许敲偏;木鱼节奏快了会被立刻叫停重来;梵呗经文繁多,多音字很普遍,"乐"字何时读"yuè"、何时读"lè"绝不能有误……对音韵和节奏的把握,体现出天宁寺梵呗的艺术特色。正是如此严格的要求,才造就了传承至今的天宁寺梵呗。

廓尘大和尚是1985年来到天宁禅寺的。他回忆年轻时的学习经历:"早课当中的《楞严咒》,也叫《火烧楞严咒》,从'萨怛他苏伽多耶'这里,要转板,要快起来。但是太快了的话,我师父就会说:'停下来,重来,不允许。'"其他寺院的僧人唱诵《三皈依》的"自皈依佛"一句,通常速度都是比较快的,但是"在我们那里不行。要是被师父听到,他要批评、要教育我们的……一个'自皈依佛'真的要一两分钟下来"。"嘴还不能张得太大,要正常地张嘴,还要威仪齐整,曲调都是很慢很委婉的,唱得要用心。"

这些看似都是一些微不足道的小细节,但实际上恰恰体现出松纯长老对佛法的感悟。为什么呢?"梵呗是我们佛教对峙'戒、定、慧'中的'定'。这个法器可以让你的心静下来;唱梵呗、念经,都是要让大家的心静下来的。所以大家(唱诵)都是很婉转的。"

对梵呗唱诵的严格要求,恰恰是天宁寺梵呗的独特魅力。而造就这一魅力的缘由,除了有松纯长老一定的天赋和慧根之外,更重要的还在于他平日以身作则,"曲不离口"地反复练习。即便到了九十岁高龄,他仍然身体力行,每天凌晨就起来,坚持和僧众们一起上早课。

如今已是句容宝华山隆昌寺方丈的

> **小知识**
>
> 戒、定、慧是佛教用语,合称为三学,是三项训练,指通过修戒(完善道德品行)、修定(致力于内心平静)、修慧(培育智慧)三种方式来修行。戒、定、慧是用来克服和修正贪、嗔、痴的。

心平大和尚，也是松纯长老的弟子。据他回忆，教敲法器时，松纯长老有时会用拍手代替，主要是为了教节奏、节拍。上课的弟子众多，怕后排的徒弟听不到，松纯长老就把手拍得特别重，一堂课下来，手都拍肿了。"（可是他）从来没有说过，'我手肿了，我不拍了，我不教给你们了'……（还是）这样子拍桌子，一板一板地拍，拍给你听……那真是身体力行、不辞劳苦……那个手拍得最后连筷子都拿不住，都是用调羹（吃饭）。"

虽然松纯长老对徒弟严加管教，但他也常常显出慈爱的一面。年轻的师傅们每天要坚持早晚功课，松纯长老在一旁陪着静静地听，然后鼓励大家不要怕唱不好，要经常吊嗓子多练习。

关于松纯长老亦严亦慈的教导，徒弟们有许许多多难忘的回忆。心平大和尚就讲述了发生在20世纪80年代的一个故事。改革开放伊始，国家经济得到了极大发展，人民生活水平不断提高的同时，生活观念也在发生着变化。一日，心平大和尚的一位师兄穿着一件运动服走进屋内，被松纯长老撞见了，松纯长老很生气，正言厉色地叫他把这件时髦的运动服脱下来，让人立刻送到炉子里烧掉了。松纯长老明白，自己保护佛教生活传统的行为，弟子们会理解的，但这样做终归会让弟子心绪不安。于是他便立刻去库房里，挑选了两件料子很好的新僧服，送给这个徒弟。

恩威并施是松纯长老独特的教育之道。心平大和尚回忆道："他没有封建年代的那种打骂、那种体罚式的（方法），但是对我们的管理也不是过于松懈。（这种教育方法）老人家运用得比较好。"大概也正因如此，"我们这些师兄弟在离开天宁禅寺的时候，都是流着眼泪走出天宁禅寺大门的。"

松纯长老不仅在教学中比较严苛，他更知道，只有实践才能出真知，所以每有法事都会选几名弟子直接参与唱诵。这不仅是松纯长老的教育方法，也是整个天宁禅寺的老师傅们共同的教育理念。

现在已是天宁禅寺监院的心悟法师，回忆起年轻时第一次上台依旧感慨良多。

当时在大雄宝殿上,维那师父因事没有来,当时的一个僧值①师父普云老法师②便指着心悟法师说:"小和尚,你来敲这个大磬③吧!"意思就是叫他来领唱。没有经验的心悟法师有些怯场,浑身冒汗,"两条腿一直在抖,像筛糠一样",但还是硬着头皮完成了法事,"以后慢慢地也就锻炼出来了,都是从不会到会的一个过程"。心悟法师明白,如果没有这样的实践经历,那么无论怎么学也都是纸上谈兵而已。

几十年来,松纯长老从未停止对天宁寺梵呗的弘扬与传承。中国港台地区、东南亚、大洋彼岸的美洲……伴随着他四处弘法,天宁寺梵呗的声音也传遍了海内外。在佛教信众的耳中,这是传递悲悯与仁慈的慈悲之声;在普通大众的心中,这是传播弘扬中华民族传统艺术的文化之声。

2008年,"佛教音乐(天宁寺梵呗唱诵)"列入第二批国家级非物质文化遗产代表性项目名录。2009年,八十二岁高龄的松纯长老被认定为国家级非物质文化遗产代表性项目佛教音乐(天宁寺梵呗唱诵)代表性传承人。

梵呗声出,万籁寂静

2017年春,常州市非遗保护中心组建工作团队,正式开展对松纯长老的国家级非物质文化遗产代表性传承人的记录工作。尽管松纯长老已重病缠身,但他仍然积极配合此次记录工作。在常州大剧院举办的一次梵呗表演中,年过九旬的松纯长老拖着病重的身体,率众僧进行了祈祝和平的梵呗演出。这也是工作团队记录到的唯一一次松纯长老的唱诵。

---

① 僧值:僧值师,汉地佛教寺院八大执事之一,专门负责僧人纠察、寺院纪律,管理僧众威仪。
② 普云法师:现代僧人,20世纪80年代天宁禅寺修复后第一批返回寺院的僧人之一,在天宁禅寺负责梵呗教学。
③ 大磬:天宁禅寺梵呗法器,外形类似于饭钵,用铜铁制成,口大朝上,通体平滑,中间镂空,配有专用的磬棒。大磬的声音如洪钟,清澈洪亮,专用于大殿之上的大型法事。与之相对的是小磬,用于小型法事。

即便需要弟子搀扶，但他走在天宁禅寺中，依旧显得威严、神圣。此时的松纯长老嗓音已略显干哑，却精神矍铄，在镜头前为弟子们讲授唱诵梵呗、敲击法器的要领。可惜的是，工作团队还没有来得及开展口述采访，2017年8月，松纯长老便在天宁禅寺安详地圆寂了。

尽管师父已西归佛土，但弟子们依然追随着他的脚步，为传承天宁寺梵呗而不遗余力。天宁禅寺住持廓尘大和尚等新一代僧众，积极配合工作团队拍摄了大量的梵呗实践和教学影音资料，所有的环节和细节都谨遵师父教诲。该项目在验收中被评为优秀。

不过，弟子们在传承过程中，也不可避免地遇见一些问题，最难办的莫过于人员有些青黄不接了。心悟法师就直言，虽然有很多人欣赏梵呗，但真的叫他来寺里学习就很难了，"没人愿意学，收徒弟比较难"。但好在，当年从天宁禅寺离开的法师们，正在世界各地唱诵着天宁寺梵呗，传播着梵呗文化。国内外很多寺院的梵呗唱诵，或多或少都有一些常州天宁寺梵呗的影子。

复兴天宁寺梵呗是松纯长老毕生的追求，如今它正在开花结果。复兴传统文化不仅仅是一国之策，也是佛教界所提倡的。著名音乐学家田青回忆自己与松纯长老和天宁禅寺的缘分时，特别讲到了一句话："庄严国土，利乐有情。""佛教文化提倡对国家、民族、众生要有感恩的情感……佛教讲要报国土恩、报众生恩、报父母恩。中国的佛教更是特别讲究对国家的贡献。"

在教学时，天宁禅寺的法师们都将梵呗称作"海潮音"。他们觉得，唱诵梵呗之音犹如起伏不定的海潮，高亢时波澜壮阔，低沉时风平浪静。潮起又潮落，这传承千年的海潮音，还在不断地洗涤着世人的心智，让人获得精神上的平静。

"万籁此俱寂，但余钟磬音。"或许某一天，当我们去往天宁禅寺，合上双眼静静聆听美妙的梵呗唱诵时，脑海中便会浮现出那个每天坚持早起诵经的慈祥老人的身影，或许他会微微一笑，然后挥袖而去。

燕赵慷慨，笙管嘹亮：

王如海与子位吹歌

毛梦鸥

王如海

王如海(1946—　)，河北定州人，国家级非物质文化遗产代表性项目冀中笙管乐（子位吹歌）代表性传承人。王如海是子位吹歌王家吹歌会第八代传人，出生于吹歌世家，师承父亲王成奎。1989年，他开始帮助父亲从事子位吹歌教学，至今三十余年，授徒三十名，教授管子、唢呐、笙和子位吹歌的传统曲目及演奏技法，代表曲目有《放驴》《打枣》《八仙庆寿》等。

燕赵大地

不只有慷慨悲歌之士

还有热情鼓吹之人

冀中笙管

百姓们自己的艺术

乡亲们最爱的声音

劳作之余,想吹就吹

吹出欢喜,吹得嘹亮

让吹歌走向全国的一场演出

距今七十多年前的一天，一队来自定县子位村（今河北省定州市子位镇）的民间乐手，带着长短不一的笙笛和大小各异的锣鼓，走进了当时刚在天津成立的中央音乐学院的大门，他们就是受邀来演出的子位村吹歌会。

此时正是 1950 年 5 月，几个月后，杨荫浏和曹安和将南下为盲人音乐家阿炳（华彦钧）录制传世名作《二泉映月》。

此次来天津演出的二十多个乐手，如八仙过海般各显神通。在观摩了吹歌表演之后，杨荫浏和曹安和就对子位吹歌产生了极大的兴趣。两位先生不但将乐队的演奏全部录了音，将子位吹歌的一些经典曲牌配上了简谱，而且还把乐队所用的每一样乐器都绘制了形状精准的图案。

此后一段时间，杨荫浏和曹安和多次前往子位村采风，对子位吹歌进行了深入

小知识

杨荫浏（1899—1984）是我国著名的音乐史学家和民族音乐理论家，新中国民族音乐学的主要奠基人，为中国音乐史、乐律学及传统戏曲、曲艺、器乐和宗教音乐等民族音乐的发展做出了巨大贡献，初步建立起了中国音乐研究的学术体系。其表妹曹安和（1905—2004）于新中国成立初期与杨荫浏同在中央音乐学院任教。兄妹二人作为主要组织者和见证人，在1950年录制了阿炳（华彦钧）唯一一批存世的作品，其中就包括著名的《二泉映月》。此外，二人还先后合作了《瞎子阿炳曲集》《苏南十番鼓曲》《关汉卿戏剧乐谱》等著作。

1950—1958年，中央音乐学院在天津的院址

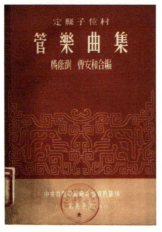

《定县子位村管乐曲集》封面

采访和研究。

最终，两位先生编写的《定县子位村管乐曲集》于1952年出版。这本书集结了两位先生当时对子位吹歌的全部研究成果，包括乐理学方面的研究，还有大量曲牌、曲谱，以及乐器的详细图解——一支大笙、十七根管全部展开来，长宽尺寸、孔位标注明晰，单根管吹出来的音高也用五线谱进行了标注。

在书中反复出现的一名受访人、"吹歌会中间最重要而处于领导地位的一位会员"①王成奎，既是子位吹歌的第六代传人，也是本文主人公王如海的父亲。

① 杨荫浏、曹安和合编：《定县子位村管乐曲集》，上海万叶书店，1952年，第6页。

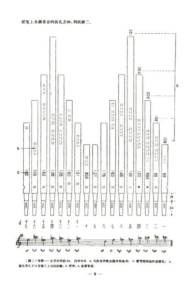

《定县子位村管乐曲集》内页(笙管拆解图、曲牌《放驴》简谱)

大地上的乡音

在讲述王如海的故事之前,我们先来了解一下,什么是冀中笙管乐。

这是冀中平原一带特有的一种鼓吹乐。除了笙、管等吹奏乐器之外,还有云锣、鼓、铙、钹、铛铛等打击乐器。这种流传于北京以南,天津以西,沧州、定州以北近三十个县市的器乐合奏形式,被冀中的百姓们称作"音乐会"。

子位吹歌便是冀中笙管乐的突出代表。它是"农村的一种不脱离生产的业余团体活动"①。王如海回忆年轻时的家中情况,包括父亲王成奎在内的那些吹歌好手,全都是在家务农的农民。村子里的庙会祭祀、婚丧嫁娶等民俗活动,吹歌是不可或缺的内容。如果村子中有婚丧嫁娶,需要吹歌会演奏的时候,乐手们都会"相互帮忙,除了当事人家供给酒食之外,不收任何报酬"②。到了正月,村子里生产队会出几辆车,拉着乐队在周边村镇巡演一番,也算是一种公益演出。

①② 杨荫浏、曹安和合编:《定县子位村管乐曲集》,上海万叶书店,1952年,第6页。

　　子位吹歌的乐器包括管子、唢呐、笙、横笛、海笛、大胡、鼓、小钹、手锣、梆子等,而以管子(小管)、小唢呐(小海笛)为主。乐队编制可根据具体情况进行增减,形成各种不同的组合。据《定县子位村管乐曲集》记载,如果每种乐器都用的话,乐队的配置最多可达二十八人。作为一种民间传统艺术,在吹歌发展的鼎盛时期,子位村善吹、打、弹、拉者不下千人,老、青、妇、幼皆有吹歌班。

子位村的老老少少或举着笙管,或手执锣鼓,正在演奏

　　除了经常演奏《放驴》《打枣》《八仙庆寿》《朝天子》等传统曲目,子位吹歌的乐手们还善于学习、吸收各种民间小调、地方戏曲唱腔,将其转化为子位吹歌的曲调。在《定县子位村管乐曲集》收录的曲谱里,就有从河北梆子演化而来的《辕门斩子》《大登殿》等。

　　子位吹歌演奏时速度、旋律多变,声音高亢洪亮,风格热烈火爆,表演自由夸张,甚至有时会边吹边唱、边吹边舞,具有浓郁的乡土气息和鲜明的民间艺术风格。

小知识

　　咔戏，就是用乐器吹奏戏曲唱段，模仿不同角色的唱腔。河北梆子、老调、评戏、河西调、丝弦、哈哈腔，以及柳子调、豫剧、黄梅戏、京剧等，都是子位吹歌经常模仿的戏种。这些戏曲唱段在子位吹歌的曲谱资料中记载较少，但在实际演奏中却大量出现。曲目选择灵活，吹奏时自由发挥，因而尽显吹奏者的演奏功力和独特个性。咔戏多用唢呐、咔碗等乐器，用管子吹奏则是子位吹歌的特色。因此在模仿戏曲声腔的圆润、韵味上，子位吹歌的管子能做到犹如人声一般。在配合记录工作团队拍摄过程中，王如海带领乐队表演了现代京剧《沙家浜》中著名的智斗选段，管子、海笛等乐器分别演奏模仿了阿庆嫂、胡传魁、刁德一等角色的唱段，惟妙惟肖、栩栩如生。

耳濡目染的吹歌传人

　　在子位吹歌的百年传承历程中，从王如海的爷爷王春兴起，王家每代都有人在吹歌会中担任会头。王如海的爷爷一家四兄弟，担任笙、管子、打击乐和小海笛的乐手。王如海的父亲，也就是1950年在中央音乐学院领队演出的王成奎，是当时乐队里的吹笙手。子位吹歌传承到王成奎这里已经是第六代了。

　　吹歌可以说是子位村的一大宝。王如海回忆起小时候看前辈们吹歌，脸上总是带着笑容。他想起自己小时候，父亲王成奎特别爱好吹歌，如果下地正干着活儿时，有人来叫王成奎去乐队，哪怕"干着半拉……他也撂下就走"；而和王如海同辈，但岁数和父辈相仿的堂哥王礼吉，当初在吹歌会中起"头管"的作用，因为特别爱吹管，大家给他起了个外号，叫"吹不够"。

　　就是在这样的环境里，王如海从小耳濡目染，也开始学起了子位吹歌。

正在演奏的吹歌会(右二为王如海)

小知识

工尺(chě)谱,是中国传统的音乐记谱法之一,属于文字谱的一种,因用工、尺等字记写唱名而得名,源自唐朝,后传至日本、越南、朝鲜等国。工尺谱一般用合、四、一、上、尺、工、凡、六、五、乙等字作为表示音高(同时也是唱名)的基本符号。传统的工尺谱自上而下竖写,但是现在亦可由左至右横写。据《定县子位村管乐曲集》记载,吹歌会所用的谱子只用"六、五、乙、上、尺、工、凡"代表七音,"高低八度,不加分别"①。

在王如海小的时候,吹小海笛的爷爷就手把手地教他子位吹歌。不过比起直接吹唢呐或小海笛,爷爷更多的是领着王如海念谱、唱谱。"我爷爷王春兴那时候念曲子,在子位吹歌会里没人能比。"王如海说,"为什么?(因为他)韵调好,嗓子也好……高的低的,强弱程度,他都给你念出来了。"但此时,王如海还是以学唱工尺谱为主。

父亲带队去中央音乐学院演出时,王如海刚刚四岁。此后,子位吹歌在全国名声大振,中央的、

---

①杨荫浏、曹安和合编:《定县子位村管乐曲集》,上海万叶书店,1952年,第11页。

地方的不少音乐团体、音乐学府纷纷聘请吹歌艺人任职、任教。王如海八岁的时候,父亲去总政文工团工作了四年。

王如海在展示子位吹歌的工尺谱

等到了王如海十二岁,父亲回乡,他就开始跟随父亲学吹笙了。那个时候,一家老小忙时种地,闲时便拿起笙管开始吹歌。除了笙之外,少年王如海也学过吹唢呐、管子等其他乐器,所以对吹歌所用管乐器的指法、发音等都比较熟悉。没过几年,他便可以与父辈的吹歌艺人同台演出了。

吹笙的王如海

对于父亲的教导,王如海回想起年轻时的经历,觉得还是应了那句老话——"师父领进门,修行在个人"。一开始,父亲和吹歌会中老一辈的人会多教给孩子们一些东西,之后就要靠这些后学们自己练了。"车歇了散,人歇了懒。"这是流传在吹歌人中的一句俗语。练好吹歌的诀窍之一,就是要长期地、不间断地练习。一首曲子或曲牌,甚至是一件乐器,一旦长期不练,再拿起来吹,"嘴上没音,气上也达不到"。

尽管练习很严格,要下的工夫也很大,但对于吹歌技艺的要求却并非那么死板。过去吹歌的表演教学主要集中于音乐层面,对于演员的表演姿势、表情等则不是特别关注或严格规定。因此，吹歌人在本村吹歌时大多不受拘束。直到后来需要经常去外面登台演出，才规范了吹歌人的表演尤其是肢体动作和表情等。

二十六岁那年，王如海和同村的姑娘刘荣娟结了婚。如今，两位老人已经相守了半个世纪。面对王如海对吹歌的热情，她丝毫没有怨言。"我也不嫌麻烦……我也不嫌闹得慌。"刘荣娟说，"几辈子人都会这个（吹歌），怎么能断在咱身上呢？"

一辈子留在子位村的王如海，勤勤恳恳，本本分分。家里人也好，同村人也好，大家都觉得王如海是个性格温和的人，对人也不发脾气，还特别喜欢孩子，总是愿意带着孩子们一起吹歌。

就这样，守着祖祖辈辈传下来的子位吹歌，王如海在笙管和锣鼓的陪伴下，安享晚年。

子位吹歌未来的希望

早在青年时期，演奏水平已经很高的王如海便致力于子位吹歌的传承工作，至今已三十余年了。

随着社会环境的变化，坚持吹歌的人越来越少，吹歌这种乡土艺术和其他民间艺术一样，都面临着很大的挑战。

1978年，与全国人民一样，子位村也迎来了改革开放。平时很少演奏的吹歌会渐渐恢复了往日的活动，但十多年疏于表演，让子位吹歌的延续与发展遇到了困难。同时，村子里的年轻人大多选择去城市打拼。他们背起的是行囊，而放下的便是笙、管子和小海笛。因此，王如海非常珍惜留下来的每一个人。

爷爷当年如何教王如海，王如海就如何教学生。不过为了适应现代的教学理念，他在传统教学方式的基础上做了一些改变。传统吹歌教学采取口传心授的方式，由老师傅领着学生们念工尺谱。将工尺谱念熟了，学生才能开始练习乐器。王

王如海在丁村中学指导学生

如海则增添了简谱与工尺谱对照教学的方法。不过,学生一旦入门,还将回归到工尺谱的轨道内,因为工尺谱会标记强弱、转音等,这是简谱所没有的。

幸好从爷爷王春兴开始,王家一直有人担任吹歌会的会头,因此家中保存了比较丰富的子位吹歌资料。但在资料收集方面,王如海有时也觉得一筹莫展。自从吹歌会吹进了中央音乐学院的校园以来,总有人陆陆续续地找吹歌会去演出,也有过几次录音。可是,王如海近年在整理子位吹歌资料的过程中,仅仅从同村人的口中得到了一些线索,而没有找到录音带、光盘等实物。这不能不说是一件憾事。

小知识

杨元亨(1893—1959),管子演奏家,安平县南王宋村人。他少时因家贫,在本县的吕祖庙当道士,掌握了管子、笙、唢呐等乐器,尤精管子。抗日战争期间,道观被毁,他还俗回乡,在民间传授吹歌技艺。1950年,子位吹歌会向中央音乐学院推荐了这位老前辈,随后他前往该院任教,直至去世。

　　除了四处搜集资料，王如海也专注于历史研究。通过走访著名民间音乐家杨元亨等老艺人的故里，结合手中的资料，他整理出了子位吹歌数百年历史沿革的清晰脉络。作为乐班组织者，王如海又开始埋头整理起了子位吹歌的传统曲谱，督促吹歌会重新排练，恢复了很多传统曲目。这些努力都给子位吹歌的传承教学打下了坚实的理论基础。

　　子位镇于2009年建起了吹歌艺术学校。王如海将子位吹歌带进了中学课堂，让更多孩子接触到这项独特的民间音乐。他每周有两天要到学校，与吹歌会的乐手们一起，教上百个初中生学习子位吹歌，学习工尺谱、简谱，以及管子、唢呐、横笛、笙等乐器。

　　在王如海心里，这些孩子就是子位吹歌未来的希望。

　　2008年，冀中笙管乐（子位吹歌）列入第二批国家级非物质文化遗产代表性项目名录。凭借着对子位吹歌多年的悉心呵护和深入研究，以及王家几代人坚持不懈的无私传承，王如海于2009年被认定为国家级非物质文化遗产代表性项目冀中笙管乐（子位吹歌）代表性传承人。

王如海（左一）、张占民（中）等人演奏《放驴》

2019年7月7日,王如海带领乐班来到国家图书馆,演奏了子位吹歌代表曲目《放驴》。据王如海介绍,《放驴》这个曲目,虽然邻村的乐队也有吹的,但"跟子位的味道就是不一样……子位吹的《放驴》气派,句子上畅通"。

值得一提的是,在现场表演的五位吹歌人中,除了王如海之外,还有一位国家级代表性传承人张占民,以及一位省级代表性传承人和两位市级代表性传承人。子位吹歌如今的艺术成就可见一斑。

随心所欲,自在吹歌

用"随心所欲"一词来形容吹歌的特色或许是比较符合实际的。

《定县子位村管乐曲集》中记载:"民间艺人在连续演奏一个实际曲调的时候,虽然有很大的把握,但到我们向他们访问,要他们在乐器上将每调音阶中的每一个音,各个分开举例说明的时候,他们却往往没有把握。"[1]

确实如此。王如海在介绍父亲的传艺诀窍时,特别提到了这种情况:"你一开头吹,就按老师给你念的(谱)这么吹。可是……你学熟了以后就不是了。"有时,谱子复杂了或简单了,演奏笙、笛等乐器时可以对应地减去或加上点儿别的音。比如吹歌曲牌《小二番》,并不需要按原谱"一个音不落地这么吹",原谱里一个单音吹起来略显单调,"我里面加些个音,吹起来了,就显得连贯性特别强……使这个调子显得活跃"。

死曲活吹是子位吹歌的一大特色。这或许和西方爵士乐的即兴演奏,以及流行歌手的临场发挥,都有异曲同工之妙吧。与其说它考验着吹歌手们的创造力,倒不如说,这种即兴是生活在冀中平原,本真、质朴的劳动人民最为真挚的情感流露。

---

[1] 杨荫浏、曹安和合编:《定县子位村管乐曲集》,上海万叶书店,1952年,第41页。

关于"吹歌"一词的起源,在《定县子位村管乐曲集》中,杨荫浏与曹安和这样写道:"何以叫吹歌会? 问吹歌会中人,他们自己也说不出来。据我们的推想,也许是因为他们所用的乐器,较主要的,是笙、管子、海笛等管乐器,都是'吹'的,他们所吹的曲调,大都是出于原来可唱的'歌'的缘故。"[1]

吹歌人把手中的乐器当作自己的嗓音,乐器可以演奏得比人声还要嘹亮。这便给了吹歌人一个机会,来吹出自己想唱的曲调,表达自己想表达的感情。没有什么比获得内心的快乐更重要。

无关定义,也不问来由。只要心里有想唱的歌,就把它唱出来;如果唱出来还不过瘾,那就把它吹出来。浓烈、热情、率真——子位吹歌正是以这样的方式响彻冀中大地,抒发着生活的喜怒哀乐,陪伴着人生的悲欢离合。

质朴的音乐最动听,百姓耳中的乡音最美。

---

[1] 杨荫浏、曹安和合编:《定县子位村管乐曲集》,上海万叶书店,1952年,第6页。

传统舞蹈

小丑的心：

秦梦雨与昌黎地秧歌

刘东亮

秦梦雨

　　秦梦雨（1938—　），河北昌黎人，国家级非物质文化遗产代表性项目秧歌（昌黎地秧歌）代表性传承人。他自幼跟随族中太爷秦来扭秧歌，十二岁正式开始学习丑角，并逐步形成了自己的表演风格和流派。秦琴雨的表演如行云流水般纯熟，形体动作干净利落、千姿百态、刚柔相济、收放得体，亮相更是幽默、诙谐、自然，裘帽、手帕、扇子三种道具运用自如。1994年，他随昌黎地秧歌表演团参加沈阳国际秧歌节，获得最高奖项"金玫瑰奖"，同年，他和昌黎秧歌队参加全国中老年健身舞蹈比赛，获得最高奖项"兰花奖"。其代表作品有《跑驴》《锔缸》《瞎子摸竿》等。

抑扬顿挫

唢呐声声

插科打诨演动作

喜怒哀乐做表情

处处是戏

处处是乐

昌黎县位于河北省秦皇岛市南部,东临渤海,北枕碣石,西南挟滦河。这里有悠久的历史积淀,"扬波涛于碣石,激神岳之嶈嶈",描绘了激扬的碣石古韵;韩文公祠、源影寺塔都是当地的文化地标。正是这一方水土滋润和培育了昌黎县的民间艺术,才有了昌黎县最为人称道的"三歌一影"(即地秧歌、民歌、吹歌和皮影)。

秧歌主要流传在中国北方地区,是大众喜闻乐见的一种民间舞蹈样式。秧歌在民间的叫法有很多,如"玩艺儿""闹十五"等。一般对秧歌做如下分类:踩高跷表演的称为"高跷秧歌",不踩高跷表演的称为"地秧歌"。昌黎地秧歌是河北省代表性民间舞蹈之一,分布于昌黎、卢龙、抚宁、乐亭、滦县等地。它形成于元代,流传至今依然不衰。

扭秧歌也分角色

昌黎地秧歌的演出形式主要有两种:一为排街秧歌,一为场子秧歌。排街秧歌表演时,秧歌队穿街过巷边走边舞,三人一伙儿,五人一组。在表演时,表演者头、肩、腰、胯的动作随意性很强,转身自如多变,脚步灵巧多样。当秧歌队遇到店铺、宅院或者大场地的时候,都会停下走成一个大圆圈,扭起场子秧歌来。队伍会先变换队形,如走"四面斗""八面风"等,然后一个接一个地表演"出子",这种节目类似于戏曲中的折子戏,大多表演的是戏曲的选段,或是根据民间生活编排的民俗小戏。场子秧歌比较讲究场面调度、构图、造型等,按人数多少又有大场子秧歌和小场子秧歌之分。

昌黎地秧歌的角色,按行当分为妞、丑、扛(kuǎi)、公子几种,表演时各具特色。

排街秧歌

其中丑是最受人欢迎的行当,每次出场都会给观众带来欢笑。

妞类似于戏曲中的旦角,饰演的一般是少女或者少妇。其动作特点是轻盈、柔美、流畅,稳中带怯、柔中带俏。妞在扭动身体时往往都是收敛的,头要含着,腿要关住,胯不能大幅度左右扭动,腰部以上自然摆动。她们走出的步子很轻,一步挨着一步,走三退四,必须特别稳当,以小动作为主,不能大步流星地走。演员走起来要像风摆柳似的,摇摇摆摆、羞羞答答,充分表现出女性的端庄和俏皮。

丑是地秧歌的核心角色。没有丑,秧歌就不逗,"闹秧歌,丑来逗,看起来没个够"。丑的动作特点是肩活、腕灵、步轻;表演风格是幽默风趣,给人以滑稽美的感觉。武丑的特点是滑稽、利落、幽默、花哨——抖肩、挺胸、撅屁股。好角一撅屁股,屁股上放一碗水都不洒。丑角的道具都是随手能拿得到的道具,裘帽要得活,扇子用得巧,整个人看起来灵活。秦梦雨总是强调:"没有厚脸皮跳不了丑。"丑这个行当,必须一上场就抓住观众,可以出洋相,但一定要把气氛带动起来,气氛起来了,秧歌才会越来越有劲儿、越来越精彩。

扛相当于戏剧中的彩旦,饰演的一般是中年妇女,有文扛和武扛之分。文扛手持的道具是烟袋和团扇,武扛持棒槌。其动作特点是大起大落,表情夸张。当丑逗妞时,扛要从中间把他们分开。相对来说,文扛更重视道具的运用和心理活动的表达,眼睛要传神,神态自若,要充分利用手中的烟袋锅;武扛更为大胆和泼辣,要特别凸显以胯为主的三道弯(脖子弯、腰弯、腿弯),擅长使用铁棒槌,身体动作比较明显,"抖肩摆胯碎步颤,哪里有逗就往哪里钻,穿针引线笑哈哈,双臂一横把脸翻"。总的来说,扛的动作要大,该放的时候放,该收的时候收。

公子相当于戏曲中的小生,饰演的一般是文质彬彬的书生。其动作特点是八字步,倒背手,体态轻盈,舞姿挺拔。文公子的道具主要是扇子。文公子拿着扇子,打开合上,前扇后扇,迈着丁字步往前走。花公子不走丁字步,要走浪荡步,手放在身体前面,晃悠着往前走。其动作也不多,有悠翅、别腿、卧鱼翻身等。

这四个角的互动,两两之间可以任意组合,之后进行即兴表演。总体来看,丑跟扛互动得最多,但是和公子基本上没什么交流。这些角色之间有一个固定的表

昌黎地秧歌中妞、丑、扛的组合

演程式，即丑逗妞，抎用尽各种方式从中阻拦。丑跟妞交流用扇花一打，妞属于闺门旦，她一见到丑，虽然有意接触，但内心腼腆，所以拿手绢一遮，把脸转过去。老抎属于保媒拉纤儿的，她总是盯着丑，丑要到妞的身边去亲她时，老抎就出来了，手里拿着一根棒槌把丑打走。老抎做得最多的是三个动作——勾、搭、引，感觉真真假假，她有时候主动拉丑到妞的身边，有时候不让他去，就会形成这个局面，这个过程中的笑料也是最多的。

从小"偷师"学艺

1938年，秦梦雨出生于昌黎县十里铺乡张各庄。他两岁时母亲就过世了，家里的孩子全靠奶奶照顾。由于家庭生活贫困，秦梦雨也失去了上学的机会。好在秦梦雨出身秧歌世家，叔叔、哥哥都是扭秧歌的。幼年时期，刚懂事的秦梦雨在家庭环境的影响下爱上了扭秧歌，经常模仿大人扭秧歌的动作。九岁时，他就在大爷秦来的带领下开始扭秧歌，十二岁正式拜秦来为师，专攻丑行。在秦来的指导下，秦梦雨从一个看热闹的孩子，变成了一个痴迷秧歌的学徒。

早年间，秦梦雨所在的村子过年期间都要扭秧歌，从大年初一开始，一直扭到正月十五。村里的秧歌队人数大概有三四十人，一大早就开始走街串巷。这种排街秧歌非常热闹，走到有名望的人家，门口早就预备了茶水、果子、点心，于是就在这家门口围个场子，表演"出子"秧歌。另外有的人家还预备饭菜、烟酒之类的，秧歌队的人扭完之后一道谢，就去下一家了。秦梦雨年纪虽小，但是跟着秧歌队也能分到果子和点心吃。那时候点心没有包装，都是用毛头纸包的，按人头分好，最少也能分两三包，一包大概有一斤，填饱肚子没有问题。

秦梦雨的师父秦来，就住在他家对门。按辈分来讲，秦来是秦梦雨的太爷。秦来个子不高，身材偏瘦，但是秧歌扭得极好，十里八乡的人都认识他。不仅如此，他还多才多艺，参加过鼓乐队，能拉会唱，说书、讲故事样样精通，虽然大字不识一个，但是能将《杨家将》从头讲到尾。

秦来一生没有结婚,闲来无事就去秦梦雨家串门,秦梦雨从小就爱跟着他学。秦来对伴奏的要求很高,扭秧歌的时候要找准伴奏的板眼。他一直对秦梦雨强调,要照着鼓点、喇叭点和镲点扭,这些乐器是量板的,快了动作就变快,慢了就扭慢点儿。秦梦雨还学了丑角的各种扇花样式,不管是四板八板,这扇子总在板上。

秦来有几招绝活,让秦梦雨印象最深刻的就是耍耷帽了。表演一开始,耷帽故意戴在脑后,扭了一阵之后一耸肩就把耷帽送到了头顶,这全凭演员肩膀的巧劲儿。一般人不知道其中的奥秘,因为耷帽里面有根皮筋,当然光靠皮筋还不行,还得用技巧,把腰一弓,头快速往前摆,帽子借助皮筋自动地就被拉上去了。整个过程十分滑稽,也惹人发笑。丑角表演要达到的效果,就像吸铁石一样把观众注意力都吸引过来。

师父秦来传给了秦梦雨几件宝物:一是表演《跑驴》用的鞭子和串铃,二是表演《锔缸》用的挑担和小板凳,三是丑行表演时戴的耷帽。这些服装、道具见证着秦来的表演生涯,被秦梦雨当成传家宝,一直珍藏在家中。

秦梦雨和他的宝物

秦梦雨除了跟秦来正式学艺之外,也在不断"偷艺":综合各种表演流派,汲取其他秧歌艺人的专长,慢慢学习、总结,然后加入即兴表演之中,逐渐形成了自己的风格。当时昌黎还有周国宝、张谦、伦宝善、卢凤春等不少著名的地秧歌艺人,秦梦雨认真学习他们每个人的绝活,比如周国宝的蹲裆、张谦的提胯、伦宝善的云步、卢凤春的颤肩等。周国宝的秧歌以胯部动作为主,主要以小腹部为轴心,前后左右旋转。张谦提胯幅度比较小,像个皮影人似的,胯部跟轴承一样能灵活转动。卢凤春的腿部变化较大,上下颤动幅度大,双肩动作相较其他人来说更加多样,常常在丑的动作中加上一两个妞的动作,戏剧感较强。

天南海北边走边演

昌黎有不少地秧歌剧目,其中《打灶王》《杀庙》《断桥》《跑驴》等非常受欢迎。早年间演员的扮相比较简单,像扮演灶王爷,就拿锅灰往脸上一抹,抹得黑漆漆的,权当是化妆了。秦梦雨小时候就在场子外边跟着秧歌队扭,边看边跟着学。

那时候昌黎流行送军扭,只要当地有人参军,欢送之际都要扭秧歌。新兵一出庄子,秧歌队就排着长队给他们送行。早年间没有女性扭秧歌,因为当时的社会环境不允许。有一次,秦梦雨的一个远房表姐去扭秧歌,刚一开始观众就把场子围起来了,纷纷向前拥,不让她扭,现场五六个民兵都维持不住秩序,场子也只好散了。所以当时妞和扛的角色一般都是男性反串,穿戴着比较花哨的衣服进行表演。

秦梦雨记得那会儿还没有电灯,家家户户用汽灯,直到1958年村子里才通了电。改革开放以后,秦梦雨开始教庄里的青年扭秧歌,连带着组织秧歌队的队员排练节目。那段时间,地秧歌在秦梦雨的老家遍地开花,十里八乡的人都赶着骡子车、马车来看他们扭秧歌。秦梦雨每天早上八点钟就开始扭,直到中午才歇下来。看表演的观众把现场围得水泄不通,后来的人看不到了,就跑到房顶去看。结果有一次,房顶的观众太多了,把房子都踩塌了。

20世纪七八十年代昌黎地秧歌演出时的盛况

　　三四十年前,秦梦雨要演出一次可真是不容易。那时候有不少人慕名而来邀请他去扭秧歌,可他还要参加生产队的劳动。有一次伦宝善组织了一个表演班子,要去吉林长春土门岭演出,当时的演出费才几毛钱,还没一天的劳作收入高,但是秦梦雨二话没说就参加了。他们在当地的大礼堂演了两场,最后因为下大雪不得不中断了。

　　去卢龙县演出时,秦梦雨对路线不熟,那个年代地图都不普及,更别提什么导航了。秦梦雨只好拿着几张纸,一路走一路问,顺手把路线记在纸上,结果一张三十二开的纸写得满满当当的,正反两面都是沿路问来的路线。那个时候买自行车很困难,秦梦雨到别的地方演出就是靠两条腿走路。每隔几公里他就进行一场演出,就这么边走边演,一个庄子演完接着去另一个庄子。秦梦雨每次外出都花费很长时间,仅仅在卢龙县他就演了三个半月。这么长时间没回家,别说洗澡了,换衣裳都换不了。这次演出把秦梦雨累坏了,到家没几天就感冒、咳嗽,不得不在家打针、输液。就这样,他还是越扭越开心,永远有一股精神头儿。

回忆起早年的演出经历,秦梦雨格外珍惜现在的演出环境。过去表演时观众人挤人围成一圈,他们就把大衣撂在场子中间,也没有地方换演出服,甚至连上厕所的时间都没有。现在演出基本上都有休息室,还有化妆室可以上彩妆换衣服。如果是冬天还能生炉子,屋里暖暖和和的特别舒服。到了上台的时候就去演,演完了还能在屋里待着,这是前辈艺人们想都想不到的生活。但是演出环境好了,看的人倒少了。秦梦雨回忆,早先观众看演出特别有瘾,顶着大雪披着棉被,就这样一直看到散场。有时候太冷了,观众就把被子裹得严严实实的,只露出脸来,大家都蹲在地上,一蹲就是一场秧歌的时间,也不嫌腿麻。现在娱乐项目多了之后,观众的热情就没那么高了。

昌黎当地政府非常重视地秧歌,经常组织一些大型活动。秦梦雨作为昌黎地秧歌的代表人物多次到北京参加活动,中央电视台去了两三次。在北京龙潭庙会上,他们表演了《智破敌哨卡》和《跑驴》两个节目。昌黎地秧歌即兴发挥的传统特色——没有固定的表演模式,同样的曲目可能没有一样的表演,如果固定下来,那就属于秧歌剧了。秦梦雨特别看重这一点儿,他也从不拘泥于传统,总是在表演中添加新东西。秦梦雨想着要紧跟社会的发展,不能总是演老一套的节目,所以在表演中他会加一些新的动作,正是因为这样,他的表演总是能够吸引观众。

新编《跑驴》

"从南京到北京,跑驴、扑蝶、花鼓灯。"这句几十年前的顺口溜,涉及三种特色鲜明的汉族民间舞蹈,分别是河北东部的地秧歌、福建和江西等地的采茶扑蝶舞、安徽的花鼓灯。而"跑驴",就是指北方的秧歌。

《跑驴》是北方各大秧歌的经典节目,也是昌黎地秧歌的成名之作,是老艺人根

秦梦雨表演《跑驴》

据传统地秧歌《傻柱子接媳妇》推陈出新、改编而成的。这个节目表现了一对农村新婚夫妻在回娘家的路上经历的各种趣事，比如过沟、爬坡、惊驴等情节，既有说唱又有舞蹈，而且还把小毛驴引入秧歌表演，显得新颖活泼。

秦梦雨成功地演绎了新编秧歌《跑驴》。他在演出时化黑脸，身上带个串铃，一边唱一边扭："上北京接我媳妇去呀！回家过年了。"相较于其他人的《跑驴》，秦梦雨的表演既符合现实，又不烦琐，赶驴、过河、下山都有一套规矩，这都是他在表演过程中不断精炼的结果。他既尊重传统表演程式，又不拘于传统，总能推陈出新。他着力刻画人物的内心世界；又创新了赶驴的舞蹈动作，把小晃腰和跳踏步、急行步等动作加入节目中，使《跑驴》更贴近生活，大大增强了艺术感染力，常演常新、百演不衰。

秦梦雨最拿手的节目除了《跑驴》，还有一个是《瞎子摸竿》。这个节目固定是两个人，一个人扮领杆的妞角，另一个人饰演盲人。后来秦梦雨大胆进行了改革，添了个逗乐儿的老太太。这妞角爱搽胭脂、雪花膏，盲人顺着味道摸杆，一不小心摸到老太太，老太太就要打这个盲人，他就到处躲，这一来二去就产生了逗乐儿的效果。饰演盲人不只是要模仿其动作，还要加上舞蹈艺术，进行艺术化的加工，比如马步怎么扎，腰怎么晃，脑袋怎么摇，怎么才能把笑料抖出来，这都是需要经验的。

把昌黎地秧歌传承下去

对于学习地秧歌的年轻人，秦梦雨毫不保留地将自己的技艺传授给他们，并以自己的亲身经历帮助他们克服畏难情绪。他对徒弟们说："秧歌来源于'泥腿子'（种庄稼的农民），要把根牢牢扎在老百姓这块沃土里。"如今秦梦雨教授过的徒弟侯海波、杨常青、贾学山等，都成为传承昌黎地秧歌的中坚力量。他们虽然身在不同的岗位，但同样都有着一份秧歌情。

侯海波回忆，秦梦雨是一位既严格又严厉的老师，在他的眼里，扭秧歌揉不得半点儿沙子。侯海波跟秦梦雨学扭秧歌的时候还小，《跑驴》里有一个动作始终弄

秦梦雨教学场景（左一侯海波，右一杨常青）

不明白。有一次演出时,师父瞅着他生气,就在他屁股上打了一鞭子。这个动作是秦梦雨临时发挥的,观众也看不出来,只有侯海波自己知道。侯海波也不怪师父,他知道老艺人对自己学了一辈子、演了一辈子的技艺格外珍惜,所以对徒弟们的动作也抠得格外认真,绝容不得半点儿马虎。秦梦雨经常和徒弟们回忆自己学秧歌的经历,那时候没有老师手把手教,就是自己一边看一边学,有时候还要求人教,是非常艰辛的。秦梦雨对徒弟是爱之深、责之切,既能毫无保留、仔仔细细地教,有时候脾气上来也是很严苛的。

在教徒弟的过程中,秦梦雨非常接地气。杨常青在学艺的时候,秦梦雨和他说:"你见过切菜没有?就是切大白菜,用菜刀切白菜,就是这个意思。"这样就把日常生活和艺术融合在一起,非常容易理解。老百姓看到秧歌贴近生活,就会特别喜欢。在杨常青的心中,昌黎地秧歌离不开当地的生活,当地人说话的口音、韵味,让外地人觉得秧歌太难学了,但对于土生土长的杨常青来说,这却是身边最熟悉的韵律。

每周五下午秦梦雨都要在当地的小学教课,连带着还要扭上一段秧歌。班上有个十岁的小男孩学习特别积极主动。秦梦雨组织扭秧歌一般都在七点以后,这个小男孩六点来钟就来,秦梦雨告诉他等会儿才开始呢。这个小男孩一边往回走,一边嘴里不闲着:"这天咋还不黑啊!"秦梦雨觉得有趣极了,看他对扭秧歌这么上瘾,就盼着天黑的样子,仿佛就是小时候的自己。

这些可爱的孩子,就是秦梦雨心中的希望。他们也非常争气。秦梦雨带着孩子们去昌黎鹏湖广场演出,还得了一个二等奖,获得了两千块钱的奖金。当地的学校很重视这个事情,校长把一应的服装、道具都给孩子们买齐了,孩子们一出场也是像模像样的。但也不是所有人都能跟着秦梦雨学习,有的不适合扭秧歌,秦梦雨看三天就知道了,他不愿意耽误孩子们的时间,就干脆不让他们再来了,也有后来慢慢加入进来的,就这么一年一批。秦梦雨就这样坚持了五六年,从2015年冬天开始,由于精力有限,秦梦雨就安排他的一个徒弟接手,到学校里继续教这些孩子。

秦梦雨总是叮嘱徒弟别总教那些比较单一的秧歌,要多点儿样式,教教扑蝴蝶、耍花扇之类的动作,他担心如果没乐趣,孩子们就会慢慢不爱学了。

说到地秧歌以后的创新方向,秦梦雨有很多自己的想法:"老的(东西)别丢了,新的东西也要添,混合在一起慢慢向前发展,要跟着社会的节奏向前发展。"秦梦雨的想法很有趣,他不觉得在秧歌里加一点儿交谊舞的东西或加一点儿霹雳舞的东西,就不叫秧歌了。他觉得老一套的东西时间久了总会看乏了、看腻了,要不断加点儿新鲜东西,才能更吸引人。

在西方流传着一个故事:一个马戏团里的空中飞人,在一次表演中出了意外,把腿摔断了。从此,他被迫改行作了小丑,但他一直怀念着在空中飞荡的日子。因此有了这么一句谚语:小丑的心,依然在空中(A clown's heart, still in the air.)。

但是秦梦雨不同。在他的眼里丑角最大,是最好的行当。扮的是丑,演的是美。他一辈子都在扮丑,一辈子都在把欢乐带给人们。丑角就是他的心,丑角就是他的天。

小丑的心,永远在空中(A clown's heart, always in the air.)。

舞步中的迁徙史：

王景才与滚山珠

田艳军

王景才

　　王景才(1968—),苗族,贵州纳雍人,国家级非物质文化遗产代表性项目苗族
芦笙舞(滚山珠)代表性传承人。滚山珠是由地龙滚荆发展而来的,它是贵州纳雍
地区苗族人民世代相传的舞蹈。王景才把戏曲、杂技、体操和武术的动作和技巧,
巧妙地融入地龙滚荆的表演中,在传统表演的基础上进行新的创编。《滚刀梯》《倒
锅桩》《迎宾舞》《斗鸡舞》等招牌节目和"搭桥""叠罗汉""双飞燕""倒栽桩""朝天
蹬"等高难动作,深受国内外观众的喜爱。2006年,王景才因意外事故摔伤了腿,便
很少登台表演了,他把主要的精力都放在了滚山珠的传承和教学上,在家乡培养出
了众多表演滚山珠的能手。

锋利的梭镖头

插在地上围出一个圆圈

欢乐的人们

吹响芦笙跳起了舞蹈

舞蹈源自一个古老民族

悲壮的迁徙

舞蹈承载着这个民族

悠久的历史和深厚的情感

悲怆的迁徙史

在我国大西南,位于黔西北大山深处的纳雍县猪场乡,生活着一支小花苗人。小花苗人同其他支系的苗族同胞一样,最擅长跳芦笙舞。传播广远、享誉中外的苗族芦笙舞滚山珠就出自这支小花苗人。

苗族芦笙舞滚山珠原名"地龙滚荆",苗语称为"子落夺"。滚山珠有着深厚的历史文化内涵,它与苗族艰难的迁徙历程有着密切的关系。在过去五千多年的历史长河中,苗族先民经历了多次大规模、远距离的迁徙。由于没有传统文字的载体,一代又一代的苗族先民,便将这难忘的迁徙经历化作舞步,将记忆融入身体里。苗族芦笙舞滚山珠以高难的动作、灵活矫健的舞姿再现了一个民族艰辛、悲怆的迁徙史。

远古时期,由黄帝、炎帝、蚩尤所统领的各氏族部落联盟在华夏广袤的大地上繁衍生息,他们分别占据着不同的区域。苗族始祖蚩尤率领的九黎部落,主要生活

精彩的滚山珠表演

在黄河下游和长江中下游一带。据说，九黎部落发明了刑法、武器和宗教。他们强悍善战，凭借着坚兵利甲和优越的地理条件，开疆拓土，成为雄踞东方的强大部落。后来，为了争夺黄河流域肥沃的土地，九黎部落先是和炎帝部落开战，蚩尤获胜。接着，蚩尤又与黄帝逐鹿中原，最终黄帝打败了蚩尤，蚩尤战亡。战败的九黎部落为了生存，开始了长时期、大规模、远距离、艰苦卓绝的举族大迁徙。

　　大约在唐代，因躲避战乱而迁徙的苗族先民，一部分进入现今的纳雍县一带定居。迁徙途中山高林密、荆棘丛生，恶劣的环境阻碍了苗族先民们行进的脚步。一批勇敢的苗族青年便走进荆棘丛，用自己的身躯滚出一条道路，使苗族同胞们顺利地到达了现在居住的地方，在这里安家落户。为了纪念这些青年们的英勇行为，铭记艰难的迁徙历程，苗族后裔就模仿先辈们用身躯滚倒荆棘开路的动作，编成芦笙舞，取名地龙滚荆，在农闲、节庆期间或有纪念意义的日子表演。

从地龙滚荆到滚山珠

　　最初，地龙滚荆的动作单一、朴拙，一般由一人表演，主要是再现当年勇敢的苗族青年与自然抗争的情景。表演者在表演时，用六支长约二十厘米的铁制梭镖头，镖尖朝上插在地上，围成一个直径约一米的圆圈；也可以用六组碗，每组两只，一上

单人表演的滚山珠

一下,底部相抵,上面的碗盛满水,在地上摆成一个圆圈。表演者以头抵在圆圈的中心,双脚在圈外,腰部挺起悬空于梭镖或水碗之上,身体呈弓形,双手持芦笙,一边吹奏,一边以头为支点,身体翻滚旋转,且不能触碰到梭镖或水碗,动作难度极高。地龙滚荆的另一个特色是,表演者在跳舞的同时,要始终做到笙不离口、曲不断音,让舞和曲在整个表演过程中始终保持协调一致。

地龙滚荆在长期的传承、发展过程中,逐渐融入了苗族人民生产、生活中的一些动作:射燕,来源于过去的射猎活动;栽桩,是从过去苗族人民修建房屋时的一些肢体动作中提炼出来的;搭桥,再现的是苗族人民在迁徙途中遭遇河流,青年人就用身体搭起桥梁,让妇女、幼儿和年老体弱者从自己身上走过去,顺利地到达河对岸;翻土,来源于农业生产中的犁地劳动;搓脚,是苗族人民在砍柴、打草的时候,用脚踢开、搓平茂盛草丛的动作。同时,地龙滚荆还借鉴了体操、杂技、武术等艺术形式,使这一民间舞蹈不断得到充实和完善,最终形成了享誉海内外的苗族芦笙舞奇葩——滚山珠。20世纪80年代末,滚山珠由以往的一至三个人表演发展成为六至十个人表演的舞蹈。表演者手执六管芦笙,头戴野鸡翎帽,身穿绣花白裤,脚蹬麻耳草鞋,一面吹奏着芦笙舞曲,一面快速地做着各种跳跃、翻滚等高难动作。

深受苗族人民喜爱的滚山珠,一直在相对较为偏僻、封闭的小花苗族聚居的村寨流传。进入20世纪80年代之后,滚山珠开始走出大山,登上更大的舞台,走向世界。1992年,滚山珠舞蹈队赴荷兰参加第37届国际民间艺术节,巡演于荷兰、挪威、比利时、丹麦,以其粗犷豪放的风格、高难惊险的动作和深厚的文化底蕴,征服了观众,获得了空前的赞誉。把滚山珠带向世界大舞台的,是纳雍县猪场乡一位纯朴、勤劳的苗族青年,一个视滚山珠为生命的人——王景才。

为了一碗牛肉

王景才出生于贵州省纳雍县猪场乡新春村一个普通的苗族家庭。这里地处大山深处,偏僻闭塞、交通不便,经济、文化较为落后。王景才一家兄妹五人,他排行老大,既要照顾弟弟妹妹,又要放牛、割草、砍柴,帮助父母分担家务劳动,直到十二岁才进学校读书。当时家里生活困难,他连九毛钱的学费都交不起。初中二年级时,因经常外出参加芦笙舞表演,影响了学习,王景才初中没毕业便辍学离开了学校。为此,他至今后悔不已。

生长在苗乡的王景才,从小就特别喜欢芦笙舞,他对芦笙舞的感情可以说是与生俱来的。用他自己的话说,山寨里只要有芦笙舞表演,他都要想方设法去观看、学习。小花苗族有一种丧葬习俗——吊大鼓,就是老人去世后,要请出一面村里传下来的专用大鼓,支木架悬吊起来,然后一边敲鼓,一边奏芦笙曲,跳芦笙舞。这是当地一种非常讲究、非常隆重的祭祀活动,一般要举行两天两夜。在祭祀活动中,芦笙手是非常受人尊敬的,吃饭的时候,主人家会恭恭敬敬地给每一位芦笙手一碗牛肉。这种待遇是在场的其他人享受不到的。王景才说,自己学芦笙舞,是从吊大鼓开始的,就是为了将来自己也能吃上这碗牛肉。

黔西北一带的苗族,还有一个古老的习俗——跳花坡,每年都会在不同的时间、不同的地点举行盛大的跳花坡活动。少年时代的王景才,经常拿着父亲给他买的小芦笙,跟着大人们去赶花坡。

跳花坡也叫跳花场,是苗族的传统聚会节日。每年的正月十五、三月三、五月初五都有花坡节。各地的苗族同胞通过跳花坡这种方式团聚在一起,交流信息、展示才艺,进行各种比赛和娱乐活动。花坡、花场还是苗族青年男女相识、相恋的场所。节日期间,四邻八寨,男女老幼都穿着盛装自发地来到花场。女生穿着最漂亮的花衣服,男生则带上心爱的芦笙,要在花场上一展身手。花坡节的首要环节是栽花树。首先,村民们吹着芦笙,在祭司的主持下,从一棵千年古香樟树上锯下一截树枝作为花种,然后将花种用红布绑在花树中间,这样花树就有了灵性。将花树立在花场正中央,据说人们通过花树可以同祖先的灵魂沟通,得到祖先的护佑,使后代儿孙平平安安、长命百岁。花树立好后,人们向花树敬礼,然后芦笙手们围着花

跳花坡

树跳起花场芦笙舞,舞步缓慢、有力、讲究。跳完几圈后,人们敬酒、吃饭,随后开始
各种技艺表演、竞赛。花坡、花场实际上就是一个天然的大舞台。可以说,跳花坡
是苗族人民生活中的文化盛宴,同时也是民族凝聚力的体现。在这场盛宴中,自然
少不了苗族芦笙舞滚山珠。

严师出高徒

酷爱芦笙舞的王景才,在父亲的支持下,十二岁的时候拜舅爷黄顺强为师学习
芦笙舞表演技艺。芦笙舞的特点是表演者边吹芦笙边跳舞蹈,舞蹈的节奏全由自
己掌握。苗族没有自己民族的文字,文化传承靠的是口传心授。学习芦笙舞,首先
要会吹芦笙,熟记芦笙曲谱和舞蹈动作。黄顺强是当地有名的芦笙舞高手,非常熟
悉传统的芦笙舞曲和芦笙舞蹈,尤其擅长地龙滚荆。王景才白天走二三公里路去
学校上学,放学后,再走二三公里路回家,晚上跟舅爷学习芦笙舞。

黄顺强对王景才要求非常严格。在学习地龙滚荆时,黄顺强让王景才在凹凸

王景才和芦笙舞老艺人黄顺强(右)

不平的地面上练习翻滚,如果滚得不好、动作做得不合格,就要反复练习,有时要练上十几次,直到动作到位为止。王景才经常磕得鼻青脸肿、头破血流。有时候下着大雨,为了学好一个动作,王景才在满是泥水的地里反复翻滚、练习,雨水和汗水打湿了他的身体。苗族人民那种坚韧顽强、不怕困难、不屈不挠的性格,此时在王景才身上突显出来。在黄顺强老人的严格训练下,王景才凭着坚韧的毅力,练就了一身过硬的本领,很快就掌握了地龙滚荆的表演技巧。十四岁时,王景才就学会了矮桩芦笙舞、高桩芦笙舞、打鼓芦笙舞、花场芦笙舞、花坡芦笙舞等各种技艺,并在附近村寨的演出中崭露头角。

走出大山,载誉海内外

为了更好地传承地龙滚荆,学艺有成的王景才开始在村寨中教授芦笙舞技艺并组建表演团队,年幼的弟弟王景全是他的第一个学生。王景全聪慧灵巧,对芦笙舞的表演技巧领悟得相当快,很快就学会了地龙滚荆。王景才说:"我弟弟比我跳得好，虽然他是我教的。"兄弟俩开始在附近村寨的节庆活动中频频出场。两人精彩的表演、完美的配合，在乡邻中获得了很好的口碑。1983年端午节，王景才兄弟在猪场乡的花坡节上表演地龙滚荆，被纳雍县文化馆下乡采集整理民族民间文化的工作人员发现。随后，他们被推荐参加县里组织的文艺会演，得到了广大观众和相关领导的一致肯定。从此之后，兄弟俩在芦笙舞的表演和个人生活等方面，都得到了县文化馆的大力支持。

1984年，年仅十岁的王景全参加北京市举办的全国少年儿童业余歌舞、学校剧、幼儿木偶录像评比，他表演的地龙滚荆获得金奖。1985年7月，在全国金雀杯歌舞比赛上，地龙滚荆表演组获表演奖。一时间，王景才率领的芦笙舞表演团队名声大振，周围村寨的人们纷纷慕名前来拜师学艺。

王景才对地龙滚荆的继承与发展有着较为清醒的认识。他说："老表们地龙滚荆滚得好，但没有创新。"他认为，地龙滚荆的一些传统动作要保留、继承，但要发展就需要创新；只有在继承优秀传统基础上的创新才有历史意义，才有本民族的气质。1984年，王景才加入纳雍县民族杂技艺术团，在杂技团学习了三年。正规、严谨、扎实的杂技基本功训练，使王景才的芦笙舞表演有了很大的提高。吹奏着芦笙翻跟头，他能轻松、完美地翻上好几个。由此，他也深刻认识到了基本功训练的重要性。从杂技团回来后，他把杂技基本功的训练方

地龙滚荆动作——叠罗汉

王景才随中国民族艺术团赴加拿大访问演出的证书

法用到了芦笙舞的训练之中。此外,他还把在杂技团中学到的一些杂技动作和表演技巧也巧妙地融入地龙滚荆的表演中。

王景才善于思考、大胆探索,他在地龙滚荆原有表演动作的基础上进行新的创编,增加了"搭桥""叠罗汉""双飞燕""倒栽桩"等高难动作。

1989年,苗族芦笙舞地龙滚荆正式更名为滚山珠。也是在这一年,纳雍县组织滚山珠舞蹈队配合贵州省少数民族歌舞团赴广州演出,共演出九十余场。高难的动作、精彩的表演,使在场的中外观众为之倾倒。滚山珠轰动了羊城。随后,滚山珠舞蹈队参加了1990年北京亚运会、第四届全国少数民族传统体育运动会等大型赛事的舞台表演,1991年,又赴香港表演,受到港澳台同胞的高度赞誉。

1992年,滚山珠表演团队随贵州省民族民间艺术团赴荷兰参加国际民间艺术节,先后到荷兰、比利时、丹麦、挪威等国演出。1993年,他们随中国民族艺术团出访加拿大。精彩的滚山珠表演,获得了空前的赞誉。滚山珠走出了大山,走出了祖国,登上了世界的舞台。

滚山珠要传千秋万代

20世纪90年代中后期,由于社会转型和诸多方面的原因,滚山珠的发展遇到了巨大的困难,演出场次急剧减少,演员们收入微薄,生活没有保障。许多跳滚山珠的演员都外出打工谋生,学习滚山珠的人也越来越少了。滚山珠的传承与发展面临着严重的挑战。民间艺术如果失去广泛的群众基础,没人传承,就不可能永久地存活下去。王景才自己也面临着生活的压力和各方面的困难。面对现实,他一边谋求生存,一边苦心经营,执着守护着自己热爱的滚山珠。1995年,王景才到少林寺学习武术。他将武术中的一些动作技巧与滚山珠结合起来,创编了"朝天蹬"这一高难动作。

2006年,因意外事故,王景才摔伤了腿。此后他就很少跳滚山珠了,而是把主要精力都放在了滚山珠的传承与教学上。王景才认为:"如果滚山珠真的传承不下去了,那将是我们苗族最大的损失!""为了使滚山珠代代相传,吃再大苦也算不了什么!"

2008年,王景才被认定为国家级非物质文化遗产代表性项目苗族芦笙舞(滚山珠)代表性传承人。

王景才的家,孤零零地坐落在云雾缭绕的山腰处。高原山地,条件艰苦,生活很艰辛。为了糊口,他放牧、喂猪,拖着伤腿劳作于田间地头。这里的主要农作物是土豆和玉米(当地人叫洋芋和苞谷),是他们日常生活的主食。每到收获的季节,王景才和他的老伴儿都在农田里忙碌。因为这两茬庄稼的收成,不仅要解决他们的温饱,还要保障来家里学滚山珠的学员有饭吃。

王景才住的房屋用木板搭建而成,四壁透风,屋内光线昏暗。屋里仅有基本的生活用具:床、桌子、板凳和一个大木箱子,另外就是屋中央立着的一个用铁桶做成的煤炉子,因为天冷时节这里还要靠烧煤取暖。鸡、猫、狗与主人生活在同一间屋子里。吱吱呀呀的开门、关门声,使空旷的山野显得更加幽静。屋前的一块空地便是他们学习滚山珠的场所。

王景才的信念朴实而执着:"滚山珠不能一代两代就结束了,是要发展千秋万代

王景才在教学生们练习滚山珠

的!"他走进校园,为学生们讲解跳芦笙舞的标准动作和技巧。他动员、鼓励附近村寨的孩子们学习滚山珠。凡是来他这里学习的,王景才从来不收取学费。对路途远、当天不能回家的学员,王景才还为他们提供食宿。睡觉时就在屋里打地铺,几个人挤在一起。学员吃的无非是土豆、酸汤苞谷饭。有的时候学员多,粮食不够吃,王景才就带着他们去地里挖野菜,还会在五六月间挖车前草,大家吃得津津有味。王景才说,经过这样艰苦的训练生活,他们将来是会有出息的。

王景才结合他在杂技团的学习心得,摸索出一套系统、正规的训练方法,并总结出了十二字口诀:方法清楚,姿势准确,动作到位。他尤其重视基本功的训练,让学员们从压腿练起,基本功训练扎实后再学芦笙舞。这样,既缩短了学习的时间,又提高了学习效率,过去需要三五年才能练成的芦笙舞,现在学一年左右就可以登台演出了。他鼓励学员们:"放开跳,动作要大胆、粗犷,滚山珠跳得温温柔柔就没意思啦。"他先后培养出了几支滚山珠表演队伍,两个儿子和女儿都继承了父亲的衣钵,成为新一代滚山珠表演队伍里的主力队员。滚山珠后继有人了!

王景才把滚山珠

看成自己生命的一部分

滚山珠凝结着他的青春、智慧与梦想

他带着滚山珠走出了大山

将一个古老民族的精魂

展现在世界的舞台上

如今他依然执着地坚守在大山里

守护着一个民族的永恒记忆

传承着这个民族乐观、进取的精神

太行花开，哪朵最美：

武新全与井陉拉花

刘芯会

武新全

　　武新全（1941— ），河北井陉人，国家级非物质文化遗产代表性项目井陉拉花代表性传承人。武新全出身于拉花世家，祖父武庭是著名拉花艺人。武新全从八九岁开始跟随父亲武连喜学习拉花，掌握了拉花中各类角色的表演技法。他的舞姿健美舒展，动作收放自如，充分体现出井陉拉花舞蹈幅度大、力度强、情绪深沉苍凉的艺术风格。他在继承传统的基础上，不仅丰富了舞蹈动作和场面变化，还改革了伴奏音乐，增加了唢呐和鼓等乐器，丰富了音乐的厚度和表现力，对井陉拉花的传承和发展做出了重要贡献。

太行东麓,地势险峻

井陉要冲,兵家必争

韩信在这里背水一战

八路军在这里百团大战

生活在这里的人们

也养成了坚忍不拔的性格

孕育出了深沉柔韧的舞蹈

舞步从山上来

　　河北省井陉县位于石家庄市的最西边,地处太行山东麓。井陉拉花产生于何时,无文字可考,但多认为始于明清之际。拉花是井陉流传甚广、深受群众喜爱的一种民间舞蹈艺术,源于节日、庙会、庆典、拜神之时的街头广场花会。

　　井陉拉花植根于古老的太行山,集太行民间艺术之精华,具有独特的艺术风格和浓郁的乡土气息,是绽放于太行的一朵艺术奇葩。井陉独特的地理环境,造就了

井陉县苍岩山,曾是连接东西太行的交通要道

小知识

　　据宋代地理志书《太平寰宇记》记载，此地"四方高，中央下，如井之深，如灶之陉"，故名井陉。"陉"意为山脉中断的地方。井陉是天下九塞之第六塞，太行八陉之第五陉。

井陉拉花舞步的顿挫感与柔韧性。井陉拉花舞步中的上三步退两步的滑步动作，源于对生活特别是对农村女性日常生活的模仿，一方面表现女性婀娜多姿的体态，另一方面也还原了旧时裹脚女人艰难挪步上山的情形。井陉拉花的舞步虽不轻快，却是对生活场景的夸张，通过拧肩、翻腕、扭臀、吸腿、撇脚等动作，展现肩、腰、胯的身段美感，形成了拉花舞蹈舒缓顿挫、刚柔并济的特有风格。

井陉拉花的独特魅力

　　昌黎地秧歌、沧州落子和井陉拉花是河北三大民间舞种。其中拉花在井陉地区流传甚广，代表作品有很多。位于井陉矿区的东南正村是井陉拉花流派之一东南正拉花的发源地，东南正拉花的代表作品是群体舞蹈《六合同春》；位于井陉县西部山区的庄旺村是井陉拉花流派之一庄旺拉花的发源地，代表作品是夫妻双人舞蹈《买绒线》；而位于井陉县东北部的南平望村是井陉拉花流派之一南固底拉花的发源地，其表演刚劲洒脱、张弛有力，代表作品是表现上山除盗的《庆太平》。拉花表演节奏韵律相似，但不同流派的动作各有特点：东南正拉花的霸王鞭表演独具特色，出胯自然流畅；庄旺拉花棱角突出，出胯、上下摆扇的动作节奏分明；南固底拉花与前两者区别较大，下肢动作较少，与秧歌有一定相似性。

　　关于拉花的得名，在不同的村落有不同的传说。东南正拉花人认为，井陉地处山区，经济贫困，人们常常结伴逃荒，用井陉方言来说，就是拉荒，拉荒时形成的舞蹈因此得名拉花。庄旺拉花人则认为，井陉有一位名叫拉花的姑娘，因为反抗包办婚姻而逃至庄旺村,与当地的货郎相爱、结合,并发明了拉花这种柔韧含蓄的舞蹈。井陉矿区中部的横涧地区也有不同的传说,认为拉花就是拉牡丹花的意思,古时河南某县县令杨名举告老还乡,路过洛阳,见牡丹盛开,遂命人将牡丹花移栽至家乡井陉地区,这一近千里的迁徙之事便被改编为拉花。

　　道具是拉花舞蹈的一大特点。一般来说,拉花表演由六人或十二人组成(还有十八人、二十四人等,人数须为六的倍数),不同角色手持不同的道具出场。以东南正拉花为例,代表舞蹈《六合同春》表现的是一家人逃难拉荒的场景,角色名称由各自使用的道具命名,俗称滚伞、丑婆、板儿、鞭儿和男女花瓶等,分别代表公公、婆婆、男女青年和儿童,巧妙地组成了一个逃荒家庭。角色手持的道具也暗含深意:滚伞象征风调雨顺;太平板是指角色手中攥的四块板,又叫四块瓦,代表着四季太平;肩扛的花瓶寓意平安美满;抽打的霸王鞭代表文治武功;包袱寓意五谷丰登等。井陉拉花通过这些道具延伸了角色的情绪,显示出井陉人民在困境中以苦为乐的

武新全(右)与老搭档武巧生(中)、杨冬至(左)合奏传统拉花音乐

坚韧品质和他们对美好生活的向往。

井陉拉花的音乐具有独特的韵味——深沉、含蓄、节奏舒缓，从中也能感受到井陉拉花沉稳大气的魅力。拉花音乐伴奏由不同的曲牌组成，节奏的变化体现了拉花舞蹈情绪的变化。它刚而不野、华而不浮，与拉花舞蹈交相辉映、浑然一体，让人觉得从舞蹈到音乐都是一种美的享受。在井陉拉花中，东南正拉花的表演，从音乐到舞蹈保留比较完整，曾被誉为"拉花之冠"。它动作大方舒展、刚柔相济、抑扬多变，演奏风格既有河北吹歌的韵味，又有宫廷音乐的色彩。

井陉拉花是武家的传家宝

武新全出身于拉花世家，拉花是武家的传家宝。武新全的爷爷武庭是东南正拉花的代表人物，父亲武连喜子承父业，也是当地有名的拉花艺人。武连喜有武术的底子，他将武术的动作运用到拉花表演中，增加了拉花的力度和律动，让拉花舞蹈动静相宜，柔中见刚。父亲的拉花给武新全留下了深刻的印象。在父亲言传身教和潜移默化的影响下，武新全开始与拉花结缘。

武新全从八九岁起正式向父亲武连喜学习拉花，并逐渐掌握了拉花中各类角色的表演技法。他的舞姿健美舒展，一招一式棱角分明，充分体现出井陉拉花舞蹈幅度大、力度强、情绪深沉苍凉的艺术风格。在父亲的悉心指导下，十几岁的武新全作为年纪最小的成员加入了井陉县东南正村的第一支拉花队。

有滋有味的学艺生涯

20世纪50年代，农村地区的经济还很落后，农民连自身温饱都不能保证，但是经济的贫穷却没能阻止人们对艺术的向往。每到农闲时刻，拉花队的老艺人们便摩拳擦掌，每晚坚持排练。由于条件差，没有练习场地、没有电灯，更谈不上音响，

武新全幼年全家福,右一为父亲武连喜,右二为武新全

大家只能找个稍大的屋子,生上个小煤炉,点上盏煤油灯。老艺人围在小火炉旁,合上眼,嘴里叼着旱烟袋,有滋有味地唱着乐曲。十几岁的武新全和几个年轻的拉花队员在一旁边学边扭,学习中稍有不对,就会挨一烟袋杆。就这样学习了一个冬天,一直学到正月。正月十五元宵节正午,拉花队开始在花会上登台表演。从正月十五到正月二十,六天之内把所有的村走遍,每天步行几十里,到各村走街串巷演出。拉花表演演出的地点很随意,有条件就在小戏台上演,没有条件就在空地上演。那时的条件比现在艰苦得多,但贫困艰苦的学艺经历却给了武新全最美好的一段记忆,那些也是他至今扭拉花的精神支持。就这样,武新全一点儿一点儿把老艺人传下来的拉花技艺学到了手。

武新全擅长吸收不同流派拉花的技术动作,并能为己所用,融会贯通。他深知拉花这种传统舞蹈来源于老百姓的日常生活,因此他特别注重从生活中体会拉花

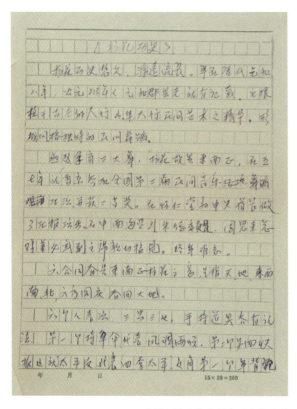

武新全关于拉花历史研究的手稿

的各种舞蹈动作，用舞蹈还原生活，再把生活带入舞蹈中。就这样，他在继承传统的基础上，不断丰富着拉花的舞蹈动作和场面设计。为了提升舞蹈的观赏效果，武新全还改进了伴奏音乐，在保留原有曲调不变的同时加快了节奏，提升了舞蹈的律动感和欢快感，并增加了大小唢呐和大小鼓等乐器，加强了音乐的厚度和表现力。武新全几十年如一日地对井陉拉花的伴奏音乐进行记谱和研究，最终成为一位集舞蹈、编舞、乐器伴奏、编曲等才能于一身的拉花传承人。

人生的第一个高光时刻

虽然拉花传承了几百年，但许多拉花先辈都没有扭出大山。1951年，毛泽东为中国戏曲研究院成立题词"百花齐放，推陈出新"。1956年，毛泽东指出，艺术问题上的"百花齐放"，学术问题上的"百家争鸣"，应该成为我国发展科学、繁荣文学艺术的方针。这是党和国家关于科学和文化发展的重要方针，又称"双百方针"。从此，全国各民族文化艺术蓬勃发展，许多濒临消亡的艺术得以大放异彩，井陉拉花也受惠于此。

1957年3月10日至3月22日,文化部、民族事务委员会、中华全国总工会、中国新民主主义青年团中央委员会,在北京联合主办第二届全国民间音乐舞蹈会演。本届的代表团总数达到二十七个,参演人数超过一千三百人。经过层层选拔,以东南正村拉花队为主的河北省石家庄市井陉矿区拉花表演队,与河北沧州吹歌、昌黎地秧歌等表演队一起入选河北代表团进京。听闻喜讯后,东南正村的乡亲们奔走相告,敲锣打鼓,一片欢腾。许多村里人做梦都想不到扭拉花能扭到北京,这成为穷山沟里开天辟地的大喜事。

会演中,经过几轮竞演,东南正拉花队获得了此次会演二等奖的荣誉,并被安排在天桥剧场、工人俱乐部和首都剧场等场馆演出。十七岁的武新全和东南正拉花队的几位队员第一次走出贫瘠的大山,走上了真正的舞台。谈起当时进京的经历,六十多年过去了,武新全依然记忆犹新:"联欢会那天晚上招待得挺好,我记得有好多菜,中间有盘糖醋鱼。我们井陉这地方不靠海,没有吃过鱼,别说吃过,见也没见过。这条鱼端上来,我们拿筷子碰一下鱼身子,尝一下是甜的,心想怎么这么甜,这是什么? 结果,到吃完饭那条鱼谁也没动,原样又给人家端回去了。别的团

1957年,东南正拉花队参加第二届全国民间音乐舞蹈会演,前排左五是武新全

的演员在边上喊：'师傅，尝尝那个鱼。'可我们谁也不敢吃，就傻到那种程度。现在想起来，笑死我了，小的时候真没见过世面。"

当年会演结束后，还选拔出一部分节目到中南海怀仁堂演出，演员受到了党和国家领导人的接见，东南正拉花队就在其中。武新全将这次经历视为自己人生的第一个高光时刻，是至今不能忘怀的深刻记忆："当我们获得优异成绩时，传来了特大喜讯——中央领导要在中南海接见所有演员。听到这个消息，全体演员相互拥抱，热泪盈眶。我们几乎一整夜没有合眼，激动得心都快要蹦出来了，恨不得马上见到中央首长，却感觉怎么也熬不到天亮。终于，幸福的时刻来到了，那是1957年3月某天下午，天空没有一丝云彩，蓝蓝的天空、和暖的阳光把中南海照得格外漂亮，一千三百多号人的队伍安静得没有一点儿声音，只能听见每个人的呼吸声。就在这时，首长来了，第一个走进怀仁堂的是朱德委员长，紧接着周总理和其他领导同志陆陆续续步入会场，人群随即响起一片雷鸣般的掌声。首长们走到队伍中间坐下合影留念，这幸福的时刻让我终生难忘。"

井陉拉花的传承和创新

参加全国民间音乐舞蹈会演回来，井陉拉花这门艺术逐渐被人们所重视，当地文化部门开始对拉花艺术进行系统挖掘、研究并编排新的节目。几十年来，井陉拉花也历经了几次较大的改革。

1958年，武新全加入了井陉县文工团，开始专职从事文艺工作。1959年，河北省春季文艺汇演前夕，石家庄市文化馆组织井陉县文工团和原拉花队成员共同排练井陉拉花节目《夜奔》。在这次演出中，井陉拉花进行了第一次改革，从演员建制、服装到唱词内容等方面都进行了比较大的调整。井陉拉花表演由传统的六人演出变成十二人演出，所有角色双套表演；服装由传统服饰改为现代服饰，头饰和扮相则更为现代；唱词更新为革命题材，表现劳动人民找到解放区的故事，更具有时代特征。

1979年，为了挽救井陉拉花中断的生命，武新全对传统曲目进行改编，以新曲目《咱们到西柏坡看亲人》参加庆祝建国三十周年全国文艺调演，获二等奖。女儿武丽萍也继承父业，参加了这次演出。

1991年，井陉拉花筹备参加沈阳首届全国秧歌大赛，著名舞蹈表演艺术家贾作光老师和河北省专家吴志国老师及许多著名舞蹈界前辈都参与其中，为井陉拉花动作的提炼、加工提出了改进建议。井陉拉花在传统元素的基础上，有了更大的创新，这是拉花艺术一次质的飞跃。在这次改革中，拉花从原始动作中延伸出很多新的动作，极大地丰富了拉花的表演，使它更具观赏性、表演性和感染力。同时，拉花音乐也根据舞蹈的需要做了创造性整理和提高。这次演出取得了巨大成功，培养了一批功底扎实的演员，也扩大了拉花在全国的影响力。

随着市场经济的发展和群众艺术的普及，井陉拉花走向了大众，却也丢失了传统韵味。大众以广场舞等形式学习拉花舞蹈，却不了解其原生的文化土壤。许多拉花表演流于形式，动作与其他舞蹈别无二致，逐渐丧失了拉花舞蹈的特色与内

武新全（左一）早年参加石家庄电视台节目录制

涵,这是让武新全最揪心的事。

经过多年的理论研究与调查实践,武新全对拉花的未来有着自己的看法——井陉拉花回归原生态势在必行。井陉地区有句俗谚:"小到刚会走,老到九十九,人人都会把拉花扭",这充分说明拉花在百姓中非常普及,有深厚的群众基础。普及拉花是件非常好的事,然而也出现了很多问题,吴新全认为:不能抛开内在的东西去改编,尤其在整个舞蹈动作上,要与其他艺术形式区别开,如果放任其将原生态的东西淡化了,传统拉花就会变成四不像,逐渐失去自我。比如拉花中霸王鞭在腰上、肩上的打法,应当与其他舞种里鞭的打法相区别,在道具舞蹈的节奏上坚持传统井陉拉花的节奏韵律,不能为了迎合其他艺术而强行改革。又比方举伞、转伞的动作,这是拉花非常有代表性的一个动作,但它有一定难度,要求演员必须左腿要平,右腿连起带转,动作上要协调。而现在许多表演都简化了传统动作,伞不转了,也不上下举了,伞的动作就削减了一半,失去了原本的协调性和美感。还比如抖花瓶的动作,演员肩上的小细节非常突出,左肩不动,就会让原有的"抖拉花"抖不起来,动作黯然失色,失去了原有的韵味。

武新全认为,拉花艺术的魅力就在于细节,正是点点滴滴的细节积累成一门艺术,一定要把这些细节掌握好,抓住传统,绝不能脱离基础,成为无源之水、无本之木。

"把拉花传下去"是武家的家训

武新全的五个子女都是扭拉花的好手,他的小孙女武怡帆从三岁起就跟随爷爷学习扭拉花,目前已经掌握了拉花的所有动作。在武家人看来,拉花不仅仅是一种文艺表演,更是维系亲情的纽带,是家庭凝聚力的体现。每个周末,孩子们回到武新全家,总要组织一次拉花演出,传统舞蹈《六合同春》就是他们的保留节目。武新全将"把拉花传下去"定为家训,鼓励后辈担起责任,接好拉花的班,齐心协力把拉花传下去。

随着近年来井陉拉花各流派老艺人相继谢世,大量拉花技艺面临传承危机。武新全作为国家级非物质文化遗产代表性项目井陉拉花代表性传承人,始终心系井陉拉花的传承。他认为,国家级传承人这一称号是神圣的,也是责任重大的,担负着文化遗产的传承重任,不及时挽救并传承给后代子孙,就是历史的罪人。因此,除了将传统的拉花表演艺术传授给自己的子女外,他和二女儿武晓丽每周都会抽出三天时间到相邻的鹿泉区岸下村,辅导岸下村拉花表演队排练,力求将传统的井陉拉花传授给更多的人。

武新全与儿子、孙女一起表演井陉拉花

2019年,在国家图书馆举办的"技·忆永存第二届国家级非物质文化遗产代表性传承人记录工作——优秀成果推介会"上,武新全和儿子武宇、孙女武怡帆一起,为现场观众带来了精彩的井陉拉花表演,让观众近距离感受到了拉花的魅力。当我们看到武新全祖孙三代同台献艺,看到他的孙女小怡帆把拉花扭得有模有样,就看到了拉花传承有望,拉花会拥有未来。

即使生活艰难,山路艰险

也难阻心底坚强,步履坚定

太行山上百花盛开

最美的那一朵

却不在山里

脚步一动,含苞待放

腰身一扭,花儿盛开

将艰难拉出欢乐

将困苦扭成畅快

花开在拉花艺人的身上

更开在井陉人民的心中

太行花开

拉花最美

舞动的彩虹：

邓虹与凤台花鼓灯

田艳军

邓虹

　　邓虹（1944—　），安徽怀远人，国家级非物质文化遗产代表性项目花鼓灯（凤台花鼓灯）代表性传承人。邓虹于1957年加入凤台县推剧团，开始学习戏曲和花鼓灯。她的花鼓灯表演技艺深受著名花鼓灯艺人陈敬芝（艺名"一条线"）、李兆叶（艺名"小猫春"）的影响。在坚持传统、集各家所长的基础上，她融会贯通，形成了自己独特的表演风格，代表作：《小花场》《送粮路上》《代代花》等。

美丽的淮河两岸

花鼓灯的故乡

一把扇子,一条手巾

锣鼓声中,婆娑起舞

舞出春日的祈盼

跳出丰收的欢快

历史源于古老的传说

　　传说,大禹娶了涂山氏的女儿女娇为妻。新婚仅三四天,大禹便出征治水。大禹治水十三年,三过家门而不入。妻子女娇十分想念丈夫,每天抱着儿子启眺望远方,祝愿丈夫治水成功,早日归来。女娇望夫心切,日复一日,最终化成了一块巨石,后人称为"望夫石""启母石"。大禹治水成功,后人感恩大禹的功德,就修建了禹王庙。每年农历三月二十八日,人们从四面八方来到涂山,打起锣鼓,跳起舞蹈,以示纪念,从此就有了花鼓灯。涂山就在今天的安徽省怀远县境内。

　　蜿蜒千里、美丽壮阔的淮河,孕育了独特而丰富的淮河文化,起源于安徽境内淮河两岸的花鼓灯艺术则是淮河文化的典型代表。花鼓灯集舞蹈、灯歌、锣鼓演奏和后场小戏于一体,具有丰富的艺术语言和鲜明的地域特色。它和北方的秧歌一样,都是我国民间流传广泛的舞蹈艺术。

　　据文献记载,花鼓灯早在宋代就已产生,到清末趋于成熟。安徽省的凤台、颍上、蚌埠(怀远县、禹会区)一带是花鼓灯的中心流行区域,因区域不同而逐渐形成了多个流派。花鼓灯兴起于民间,根植于乡土,为广大民众所喜爱。在每年秋收完毕到来年春耕之前的这段农闲时节里,民众自发地组织起来跳花鼓灯,尤其是春会、庙会期间最为兴盛。花鼓灯艺人们汇聚一堂,各显身手,大展才能,热闹非凡。所谓"千班锣鼓百班灯,村村都有花鼓灯",描述的就是当时的鼎盛局面。

花鼓灯的艺术特色

凤台花鼓灯是安徽花鼓灯众多流派中重要的一支。它的主要特点是讲究男女角色配合,表演细腻,注重人物情感的交流,舞蹈动作丰富,如"颤、颠、抖"等动作和典型的"三道弯"造型。

花鼓灯有非常明确的角色分工。女性角色称为"兰花"(也叫"拉花"),男性角色一般称为"鼓架子"。根据分工的不同,鼓架子又可分为大鼓架子、小鼓架子、丑鼓和伞把子。大鼓架子一般是力量的象征,主要表演一些顶人的动作,演员必须有超强的力量;小鼓架子一般比较灵活,善于翻跟头,表现出机智灵巧的特点;伞把子则是花鼓灯的领舞和领歌者,一般起着指挥的作用。

舞蹈是花鼓灯的主要内容。花鼓灯的舞蹈包括大花场、小花场、盘鼓等内容。大花场是大型的集体情绪舞,由数人或十多人表演,表达了一种热烈奔放的集体情绪。小花场是花鼓灯舞蹈的核心部分,多为两人或三人舞,主要表现男女青年谈情说爱、玩乐嬉戏的情景,包括基本程式表演和即兴表演,有简单的情节内容和独特的人物性格,如《抢手巾》《抢板凳》等。盘鼓没有固定的表演形式,是舞蹈、武术与技巧表演的结合,同时又具有造型艺术的特征。后场小戏是一种歌舞结合的小歌舞剧,有《推小车》《小货郎》《四老爷坐独杆轿》等剧目。

艰苦的学艺之路

1944年,邓虹出生在花鼓灯发源地之一的怀远县。邓虹一家兄弟姐妹九人,她排行老五。从邓虹的祖父那辈开始,家里就开着裁缝铺,有几十台缝纫机。早年的邓家裁缝铺生意红火,在怀远县远近闻名。邓虹的父亲、母亲都是当地有名的裁缝能手,夫妻俩辛勤劳作,维持着家业的兴隆。邓虹小时候家境宽裕,衣食无忧。成长于淮河岸边的她,从小就目睹着家乡"千班锣鼓百班灯"的盛况。

年轻时的邓虹

1957年,十三岁的邓虹刚刚小学毕业,正赶上凤台县推剧团到怀远县演出,并满街张贴招生广告。推剧团演出的地点就在邓家裁缝铺子附近,邓虹经常偷偷地溜到剧场里去看戏。剧场的管理人员都认得邓家裁缝铺的三小姐,从不阻拦。邓虹由此喜欢上了推剧。从小就活泼好动、喜欢唱歌跳舞的邓虹,在同学们的鼓动下,凭着很好的语文功底,顺利地考上了凤台县推剧团。

推剧,原名"四句推子",是源于花鼓灯的一种地方戏曲,流行于淮河两岸的颍上、蚌埠、怀远、淮南一带。推剧融合了当地凤阳歌、琴书和民歌小调的腔调,并加上过门儿,组成了四句腔,因四句腔推来推去,反复演唱,故取名四句推子。1950年,凤台县成立推剧团。唱腔以四句推子为基础,新创了各种板式,并吸收民间曲牌,增加乐器伴奏,上演了《白灯记》《孟姜女送衣》《送香茶》等剧目。推剧艺术与当地民众的生活习俗、市井民风有着十分密切的关系,深受淮河两岸广大民众的喜爱。

考上推剧团的邓虹回家后不敢告诉父母。"哪有小女孩子唱戏的""家里再穷也不让你去唱戏",父母根本就不同意邓虹学戏。邓虹偷偷地告诉了二姐,开朗的二姐非常支持。在二姐的帮助下,邓虹没有告诉父母,晚上偷偷地跟着推剧团赶往下一个演出地点。深夜里,下着大雪,邓虹跟在剧团的后面去码头赶轮船。第一次出远门,远离了家乡,再加上船里异常寒冷,年幼的邓虹想起父母,哭了起来。

那时候,推剧团既没有固定的团址,也没有固定的演出地点,所有的演员都扛着背包,跟着剧团到各地流动演出。流动演出非常艰苦,夜里睡觉冷得不行,邓虹

邓虹饰演《白蛇传》中的小青

就蜷缩在老师的脚下睡。推剧团晚上演出,白天练功。进入剧团的第二天,邓虹便开始练功。没有任何戏曲表演功底的邓虹,在练功房里跷腿、压腿、踢腿、下腰……吃尽了苦头、流尽了汗水与泪水,压完腿后,她几乎不能走路了。最痛楚的是练下腰,练过之后,有一年多的时间需要人帮着才能上下床。她哭过许多次,也想过不干了、回家去。在老师们的热心关照下,她最终还是坚持下来,并由此打下了坚实的表演基础,也磨炼出了坚强的意志。邓虹很快就上台表演节目了,她演的第一个小戏是《白蛇传·断桥》的片段,饰演小青。第一次饰演主要角色,她除了激动、兴奋、紧张,还总怕在表演中忘了台词、动作出现闪失。演出结束后,邓虹得到了老师们的肯定与鼓励。此后,邓虹又在推剧《虹霓关》《穆桂英挂帅》《打金枝》《鸳鸯洞》等多个传统剧目中饰演主要角色。

遇上了一生的良师

推剧是在花鼓灯的基础上发展起来的,与花鼓灯有着密切的联系。当时,推剧团的老艺人基本上都是花鼓灯的班底,他们都会跳花鼓灯。擅长扮演老太太的詹乐亭(艺名"盖九江")自幼学习花鼓灯,十七岁就饰演兰花;李兆叶(艺名"小猫春")所唱的清音调,自成一派,独具特色,被誉为"猫春调"。邓虹在学习戏曲表演的同时,开始向老艺人们学习表演花鼓灯。老艺人们的传授方式主要是"身教",就是他们在前面表演,学员们在后面跟着学,至于每个动作的名字叫什么,走的是什么步法,老艺人们是讲不出来的。邓虹聪慧伶俐,亦步亦趋地跟着模仿。

1958年,邓虹遇到了她一生的良师——陈敬芝。陈敬芝(1919—2012),艺名"一条线",是国家级非物质文化遗产代表性项目花鼓灯(凤台花鼓灯)代表性传承人、凤台花

陈敬芝

鼓灯陈派的创始人。封建社会,《小花场》中的兰花角色均由男性演员扮演,女人是不能抛头露面、涉足演艺场所的。新中国成立后,才有女性演员饰演兰花角色。陈敬芝扮演的兰花,情感细腻,身段优美,舞姿轻盈活泼。其典型的艺术特征是"颤、颠、抖"的动作和"三道弯"的造型。他的唱腔委婉悠扬,优美动听,被称为"一条线调"。陈敬芝手把手地教邓虹跳花鼓灯。邓虹暗下决心:一定要把陈老师的花鼓灯艺术全部传承下来。

热烈奔放的花鼓灯艺术深深地感染了邓虹。她全身心地投入花鼓灯的学习中,开始了她六十多年的花鼓灯艺术生涯。

1959年,有着一百多人的凤台县推剧团分成了两个团:一个是凤台县文工团,一个是凤台县推剧团。邓虹和张士根以花鼓灯见长而被分到了文工团,专门从事花鼓灯艺术方面的工作。新成立的文工团又请来了李金珠(艺名"金边小油壶")、万方启(艺名"万陋子")、宋廷香(艺名"宋瞎子")等多位花鼓灯的老艺人传授花鼓灯艺术。这一年的夏天,邓虹迎来了花鼓灯艺术生涯的一个重要机遇,她被选送到安徽省文工团举办的民间舞蹈培训班学习。在培训班里,邓虹每天学的都是基本功。系统、高强度的基本功训练,使她的舞蹈表演艺术水平得到了很大的提高。

邓虹早年饰演兰花的剧照

特殊的时期

20世纪50年代至60年代,邓虹在花鼓灯舞蹈《十把小伞》《骏马凌云》《送粮路上》等节目中担任领舞,她的精彩表演得到了老艺人和观众们的一致赞赏,很快就成为凤台一带有名的兰花。此后的一段时期里,花鼓灯处于低迷状态。邓虹1966年结婚,爱人王得惠是凤台推剧团的导演。被下放到农村后,夫妻俩发挥各自的专长,组织了一支宣传队,教村民们唱推剧、跳花鼓灯,深受村民们的欢迎,他们在生活上也得到了村民们的热心帮助。1972年初,邓虹回到了凤台,在针织厂做纺织工人。在当时的情况下,只要有机会,邓虹就坚持演出。她表演的《收棉舞》《送粮路上》等节目均获得了好评。

20世纪70年代末,花鼓灯艺术重获新生,邓虹也迎来了自己的艺术春天,她以极大的热情投入到花鼓灯的表演与教学工作之中。她先后主演了《小刀会》《白蛇传》《打金枝》《乱点鸳鸯谱》等。她与老搭档张士根(鼓架子扮演者)共同整理、改编的传统双人舞《小花场》,一经演出便轰动了花鼓灯艺术界,被专家们誉为安徽省首席《小花场》,并获得1986年全国民间音乐舞蹈比赛创作、表演三等奖;她表演的独舞《人欢鱼跃》也获得全国民间音乐舞蹈大赛表演三等奖。1992年,在安徽省第二届花鼓灯会上,她参演的舞蹈《代代花》获表演一等奖。1997年,在安徽省第四届花鼓灯会上,她参演的三人舞《鼓乡夜话》获表演一等奖。1998年,邓虹随凤台花鼓灯艺术团赴香港演出,同年赴昆明参加第六届亚洲民间艺术节。

花鼓灯迎来了发展的繁荣时期。

继承与创新

邓虹注重原汁原味地吸收、继承传统艺术,其表演深受陈敬芝的影响。陈敬芝的经典作品《游春》是花鼓灯的一支单人舞,表现一位少女走在春光明媚的田野里,欣赏着鸟鸣花开的秀美景色,流露出欢快的心情和轻松愉悦的神态。邓虹表演的《游春》动作轻柔细腻、神态含蓄妩媚,完美再现了凤台陈派花鼓灯的艺术风采。

在多年的艺术实践中,邓虹集众家之所长,融会贯通,在坚持凤台花鼓灯的传统风格和动作形态的基础上,融入现代人的审美情趣,不断探索、丰富花鼓灯的艺术表现手法,逐渐形成了自己独特的表演风格。优秀传统花鼓灯双人舞《小花场》是常演不衰的经典曲目,深受广大

邓虹与张士根表演《小花场》

观众的喜爱。在《小花场》中,她与鼓架子扮演者张士根仔细分析人物的内心世界、情感特征和时代气息,将陈敬芝的"颤颤步""大颤步""三道弯",李兆叶的含羞、摆头,李金珠的"前仰后合",王德全的"蝴蝶盘扇"等经典动作,创造性地融进自己的表演中,既表现出了兰花的灵巧、细腻、活泼、妩媚,又体现了现代女性开放、大胆、直率的性格,感情真挚、形象逼真,产生了很好的艺术效果。她自创的"抱头揉扇",动作柔美,完美地表现了热恋中的少女那种既欢喜又害羞的神态。此外,还有一个自创动作是"蝴蝶翻飞",双手舞动手巾和花扇子,就像两只蝴蝶在漫天飞舞。

《代代花》代代传

邓虹一直关心着花鼓灯艺术的传承与发展。在演出之余,她致力于花鼓灯的普及与教学工作。1984年,凤台县政府为了抢救花鼓灯,成立了花鼓灯推剧艺训班,面向农村招收学员。当时招收了很多孩子,但老师少,教学条件也十分艰苦,练功房设在离城十八里远的农机站的仓库里,一排瓦房既是宿舍又是教室。为了培育花鼓灯幼苗,邓虹与陈敬芝、张士根等人每天往返于城乡之间。邓虹不会骑自行车,她的侄子就天天骑自行车送她去教室。老搭档张士根有时也会骑着自己破旧的自行车带上邓虹。有一次,邓虹的侄子骑自行车送她去上班,正赶上下大雨,邓虹打着伞坐在后面,一阵大风把她从自行车上掀了下来,对面正开过来一辆大货车,差点儿撞上。在邓虹等人的坚持和努力下,艺训班出了不少成绩,排演的《稻花飘香》《拾棉花》等节目分别获得了省市级的奖项,许多学员后来都进入了专业院团。艺训班结束后,邓虹和张士根又相继在凤台县的桂集镇和顾桥镇开办了花鼓灯学习班。邓虹教兰花,张士根教鼓架子,教学的时间是每年的寒假和暑假。顾桥镇的花鼓灯学习班整整开了三年,邓虹和学生们结下了深厚的情谊。

1992年,凤台县成立了安徽省第一所花鼓灯艺术职业中专学校。在开学典礼之前,邓虹和爱人王得惠就把整个家搬了过去。他们把学生看成自己的孩子。刚成立的学校没有房子,借的是凤台县电大①的房子。没有练功房,他们就用竹竿、席子和蛇皮布搭了一个大棚,在里边练功。每天早晨五点钟邓虹就把学生们叫起来,到野外去练基本功、跑圆场。办学条件差,师资力量也不够,王得惠教戏曲,张士根教鼓架子,邓虹担任兰花老师。她有时一天要辅导上百个学生,每一个手势、每一个动作,邓虹不厌其烦,一遍又一遍地示范讲解。她对学生们说,花鼓灯跳的就是

---

①凤台电大:凤台县1982年创建的唯一一所成人高等教育学校。

传承教学场景

个精气神,演员在台上一个亮相、一个眼神都要抓住观众的心;眼神、身段、动作的完美交融,才能充分表现兰花的精神气质。她结合自己长期的舞台演出实践,探索出一套行之有效的教学方法,培养了以王华丽、郭鑫、梁红、王利梅等为代表的一批花鼓灯艺术人才。

1992年9月,安徽省第二届花鼓灯会在淮南举办,邓虹参演了群舞《代代花》。"代代花"是指花鼓灯的传承,第一代陈敬芝,第二代邓虹,第三代王华丽,第四代是这群学生。这次演出,邓虹获得了表演一等奖。

邓虹一生爱的就是花鼓灯,花鼓灯已经融入她的血液里。"花鼓灯绝对不能从我身上失传。有我邓虹在,花鼓灯会一直传承下去的!"

2009年,邓虹被认定为国家级非物质文化遗产代表性项目花鼓灯(凤台花鼓灯)代表性传承人。

2016年,安徽省非遗保护中心启动了花鼓灯(凤台花鼓灯)传承人邓虹的记录项目。在接受记录工作团队的采访时,邓虹说:"我就是希望,花鼓灯艺术不再是像过去人们所讲的那种草台班子,我们能登上大雅之堂,还能登上世界的舞台!"

六十载芳华
伴随着扇子和手巾的舞动
演绎了完美的艺术人生
一个手势,一个回眸
凝聚着对花鼓灯的热爱与痴情
六十载孜孜不倦
追求的是对传统文化精神的坚守与传承
时光流转,兰韵常在

雄鹰,翱翔在帕米尔高原:

库尔班·托合塔什与塔吉克族鹰舞

刘芯会

库尔班·托合塔什

　　库尔班·托合塔什（1931—　），塔吉克族，新疆塔什库尔干塔吉克人，国家级非物质文化遗产代表性项目塔吉克族鹰舞代表性传承人。库尔班·托合塔什继承了其父的塔吉克族鹰舞和吹奏鹰笛的技艺，全面掌握了各种塔吉克族民间舞蹈，是塔吉克族公认的优秀民间歌舞艺人。他的鹰舞动作优美，既能独舞，也能与他人对舞，还可边唱边跳。他还擅长吹鹰笛、敲手鼓。他积极培养年轻一代的塔吉克族鹰舞表演者，到2022年，共有徒弟十五名。

在祖国的西北边陲

帕米尔高原上的群峰之间

生活着坚强自由的塔吉克族人

他们坚强如同雪山冰峰

他们自由如同高原雄鹰

每当跳起鹰舞

塔吉克族人的心就升到了空中

随着脚步腾挪,臂弯翻展

舞者仿佛就成了那雄鹰,翱翔在雪域高山之上在祖国西北边陲的帕米尔高原东麓，居住着一个古老的民族——塔吉克族，《大唐西域记》所记载的朅(kě)盘陀国就是由塔吉克族的先民们建立的。塔吉克族是我国五十六个民族中唯——个操印欧语系语言的民族，也是我国二十八个人口较少民族之一，人口约五万余人。如今，我国境内的塔吉克族人主要分布在新疆维吾尔自治区的塔什库尔干塔吉克自治县，以及莎车、泽普、叶城和皮山等县。

雪山英姿，雄鹰舞蹈

塔吉克族的精神世界，犹如高原上的雪山般高洁、刚健。"帕米尔雄鹰""冰山上的来客"说的都是塔吉克族。塔吉克族把山鹰视为强者和英雄的象征。塔吉克族鹰舞就是来源于对山鹰的模仿。祖祖辈辈的塔吉克族人用鹰舞来表达对鹰的崇拜。鹰舞模仿鹰在空中的矫健身姿，舞姿俊朗、纯朴、粗犷，是塔吉克族人的文化标签。

鹰舞由舞蹈和鹰笛吹奏的曲调两部分组成，优美且富有特色，反映了塔吉克族人对美好生活的追求，在新疆的民间舞蹈中独树一帜。

关于塔吉克族鹰舞的由来有多个传说。其中一种传说称，一位名叫多斯提克的塔吉克族牧羊人在放牧时，看到雄鹰在雪域高原自由高飞，十分羡慕，希望能像雄鹰般翱翔天空。隔天，他偶然捡到一只鹰的翅骨，经过简单打磨、钻孔，竟然制作出一支鹰笛，塔吉克族鹰舞由此伴随着鹰笛动听的声音而诞生。

塔吉克族人生活在空气稀薄、日照强烈的高海拔地区，特殊的生活环境使他们养成了行走稳健、深呼慢吸的习惯。常年穿着平底软帮靴在草地、河滩间行走，形成了他们特有的膝盖微曲、脚腕灵活的走路姿态。生活中的自由与沉稳，也渗透到

新疆维吾尔自治区塔什库尔干塔吉克自治县瓦恰乡自然风貌

鹰舞这门舞蹈艺术之中。塔吉克族鹰舞脚步上有移步、碎步、搓步的变化,伴随抬臂与曲肘的动作,模仿山鹰的形态,同时强调膝部的弹性与韧性。舞者时而双臂高举,仿佛山鹰凌空翱翔;时而移步回首,如同山鹰安静巡游;时而双脚跺步,模仿山鹰欢快嬉戏;时而踏步旋转,犹如山鹰盘旋于蓝天。

鹰舞的舞蹈形式多样,可以独舞也可以对舞。在节庆活动中,人们常与若干舞伴一起表演,形成场面欢乐的集体舞蹈。鹰舞的历史悠久,刚起源的时候,鹰舞是由女子舞蹈,男子吹奏鹰笛。后来,男女开始一同舞蹈。相传,男女共同放羊的时候,看见天空中的鹰展翅翱翔,翅膀间发出一种类似笛子吹奏的声音,于是二人模仿鹰展翅的样子,开始相互追逐舞蹈。男女共同舞蹈就这样产生了,其实这个舞蹈应该被称为双人舞,使用手鼓和用鹰翅骨制作的鹰笛来伴奏。男女的舞姿有所区别:男子的舞姿粗犷英勇,女子的舞姿自由柔美,略带羞涩。两人对跳也有讲究,男子要粗犷放达,具有竞技感,男女之间的距离要稍微远些,不能过于贴近。

鹰舞的许多舞蹈元素都源于对鹰的习性的观察。鹰常常在山巅出没,在平原上很少出现,靠吃野物来生存。高山原野非常开阔,鹰在高处展翅翱翔的时候可以看见很远的猎物。山鹰看似漫无目的地飞翔,实则密切观察着地面的情况,当看见兔子等猎物时就会迅速俯冲下去捕捉。鹰俯冲的动作非常快,鹰舞的动作就模仿了这个特点。鹰在捕捉到猎物后,常常欢喜地振翅,由此产生了相应的舞蹈动作。鹰在展翅飞翔的时候会发出一种类似笛子发出的声音。鹰舞的动作非常多,展示出了塔吉克族人的骄傲和美丽,它还有一个重要特征就是动力不在腿上,而在弯曲的腰和胳膊上,是保持着静态造型行进的动态舞蹈。舞者的步态也是弯曲的,这与塔吉克族其他舞蹈一样。

笛声美妙鼓声急

鹰舞特色的形成与伴奏乐器及特有的演奏方法密不可分。传统的塔吉克族鹰舞表演,在鹰笛、手鼓、拉巴甫(热瓦普)、布兰孜库姆、塔吉克式艾捷克等乐器的伴奏下进行,其音乐保留了其他民族音乐所不常见的7/8和5/8复合拍,节奏急缓交错,富于变化。鹰笛的历史非常悠久,在巴楚县发现的骨笛有近两千年的历史,现作为珍贵文物珍藏在新疆维吾尔自治区博物馆。鹰笛是塔吉克民族独有的乐器,用鹰的翅骨做成,只有三孔,也称"三孔骨笛",塔吉克语叫"斯特洪诺依"。鹰笛虽然只有三孔,但可吹出七个音节,声音清脆洪亮,十分动听。其吹奏技法繁难,但音调别致、美妙。手鼓是塔吉克族舞蹈的主要伴奏乐器,演奏时由两名妇女敲

小知识

叼羊是新疆维吾尔族普遍盛行的体育游戏活动。一般都在节庆或表演时进行,有分队和不分队两种方式。比赛时,主持人把羊身放在草场中心,参加比赛的先分成两队,一般数十人,多时上百人,每人骑一匹马,排列站在草原上。枪响后,骑手向羊身飞驰而去。在马上抓起地面的羊,或者从对方手里夺得羊,放在指定的目的地,为胜利者。

塔吉克族鹰舞伴奏乐器拉巴甫（热瓦普）

打一面手鼓，奏出多种鼓点，这在其他民族中是罕见的。鼓点有固定的套路与名称，如"阿路卡托曼"等，每套都能奏出复杂多变的艺术效果。在盛大的赛马、叼羊活动中，多支鹰笛吹奏《叼羊曲》，多名妇女同时用多面手鼓敲奏"瓦拉瓦拉赫克"，令骑手和马都兴奋不已。

塔吉克族鹰舞的音乐和舞蹈有两种组合，分别是"恰甫苏孜"和"买力斯"。"恰甫苏孜"意为快速、熟练，既是音乐节奏的名称（节奏为7/8拍），也是舞蹈形式的名称。表演以双人对舞为主，并带有竞技性，形式活泼，舞者可自由进退，两三组同舞，亦可男女同舞。表演时多由一名男子邀请另一男子同舞，两人伸展双臂，沿场地边缘缓缓前进，如双鹰盘旋翱翔；随后节奏转快，两人互相追逐嬉戏，忽而肩背紧贴侧目相视，快步行走，忽而蓦地分开跃起，如鹰隼起落，由低到高拧身旋转，扶摇直上，最后舞蹈在竞技旋转中结束。这些动态表现，显然是古代西域胡旋舞、胡腾舞的遗存与升华。"买力斯"意为特定节拍，是以民乐伴奏或民歌伴唱为主的自娱性舞蹈，也常用来表演传统的故事性民歌。"买力斯"的节奏为八分之五拍，以原地连续旋转为特色，妇女尤其喜欢。跳鹰舞的时候主要使用"恰甫苏孜"节奏，"买力斯"使用得比较少。针对不同的人群，鹰舞的音乐也有所不同。通常小孩和年轻人跳舞的时候，伴奏旋律比较强烈，节奏快；年长者跳的时候，音乐的旋律和节奏则相对缓慢、适中。

鹰舞服饰，男女之间是有区别的。传统鹰舞服饰，也就是节日里塔吉克族人的盛装服饰，男子脚穿乔鲁克皮靴，头戴吐玛克（用黑羔皮做的圆皮帽），身穿嘎来依姆长外衣，腰系绣花腰带。女子身穿长裙，头戴库勒塔（绣花女帽），脚穿乔鲁克皮靴。

家族传承，继承荣誉

库尔班·托合塔什，出生于新疆塔什库尔干塔吉克自治县瓦恰乡一个贫苦的牧民家庭。库尔班的祖父、父亲和大哥都是当地有名的鹰舞高手，每次参加各种活动都是第一个上场跳舞。小时候，库尔班最开心的事，就是跟着爷爷和父亲参加别人家的婚礼，除了可以饱餐一顿外，还能欣赏到鹰舞和民歌表演。库尔班的母亲是叼羊的好手，年轻的时候曾在一次叼羊比赛中获奖，令许多人叹为观止，从此成为远近闻名的女性叼羊者。

谈起学习鹰舞的经历，库尔班记忆犹新。小时候，父亲是他学习鹰舞唯一的老师。从五岁起，库尔班就跟着父亲学习鹰舞，常常是父亲在前面跳，他跟在后面模仿，父亲时常纠正他的细微错误，并教给他新的动作。库尔班在父亲的严格要求下，逐渐成长为一名鹰舞高手，受到当地村民的赞誉。后来，由于祖父、父亲和兄长的相继离世，库尔班成为家族荣誉的继承者，无论在瓦恰乡还是在塔什库尔干塔吉克自治县，都受到大家的拥戴。

库尔班在很小的年纪就不幸失去了父亲，母亲含辛茹苦将他养大。从小，库尔班带着弟弟给富人家放羊、砍柴来维持生计，一家人艰难地勉强度日，但他却时刻不忘塔吉克族鹰舞。库尔班一直珍藏着父亲留下的一对鹰笛，用以缅怀父亲。年轻的时候，库尔班常常带着这对鹰笛出席各种表演活动。

塔吉克族鹰舞不仅成为库尔班的事业，同时也对他的生活产生了巨大的影响。库尔班和妻子相识于鹰舞表演，妻子当时是达甫①手，共同的爱好使两人相识并组建了家庭，婚后有六个儿子、一个女儿，但妻子在生育最后一个孩子时不幸难产去世。库尔班一个人艰难地将孩子们带大，如今孩子都已长大成人、成家立业。在被

①达甫：达甫也叫手鼓，是中国维吾尔族打击乐器，由木框，一面蒙羊皮或蟒皮，框内环列小铜圈或小铁环制作而成。

认定为国家级非物质文化遗产代表性项目塔吉克族鹰舞国家级代表性传承人后，国家给了库尔班一家很大的帮助，除了探望、慰问外，还经常邀请他参加新疆各地的文化活动，推广塔吉克族鹰舞，这让库尔班一家的生活发生了很大的变化。现在，他和一个儿子住在一起，一大家子人生活得安定、幸福。

节庆礼俗，踏歌而舞

　　一个优秀的舞者，不仅要熟悉鹰舞的舞蹈动作，更要展现鹰舞的舞蹈风格。虽然会跳鹰舞的人很多，但能够将鹰舞的感觉跳到位的却很少。库尔班有着超过八十年的鹰舞表演生涯，他不仅传承了父亲的鹰舞技艺，而且全面掌握了各种塔吉克族民间舞蹈，是塔吉克族公认的优秀民间歌舞艺人。他跳的鹰舞动作优美，既能独舞，也能与他人对舞，也可边唱边跳，尽显鹰舞的风格和味道。

　　库尔班不仅舞艺超群，而且擅长各类乐器，会演奏鹰笛、达甫和拉巴甫。此外，他还是演唱塔吉克族民歌的好手，常常即兴唱起民歌。

　　在塔吉克传统婚礼和麦西热甫上，鹰舞是必不可少的内容。麦西热甫意为集会、聚会之意，是集休闲娱乐、品行教育、聚餐为一体的塔吉克民间娱乐活动。未成为国家级代表性传承人以前，德高望重的库尔班就经常被邀请到县上或乡里的各家婚礼现场跳鹰舞助兴。通常在塔吉克族婚礼进行一半时，库尔班就被请

在婚礼中起舞的库尔班

上来作为领舞带领现场的嘉宾跳起鹰舞，众宾客跟着跳，小孩子在后面模仿，将婚礼的气氛推向高潮。

　　每年的3月21日前后是塔吉克族最重要的传统节日肖贡巴哈尔节，也叫迎春节（或开春节），节期为三天。节日恰好在春分节气前后，白天和黑夜一样长，塔吉克族在这一天祈愿新年梦想成真。肖贡巴哈尔节有一个有趣的习俗，即在节日这一天，人们要推举一位德高望重的肖贡，然后在肖贡的带领下成群结队去各家拜节，走亲访友，相互问候，庆祝新春的到来，也为即将开始的春耕生产做好准备。库尔班就常承担肖贡的工作。

在庭院中跳鹰舞庆祝肖贡巴哈尔节的瓦恰乡村民们，领舞为库尔班

　　鹰是塔吉克族人的象征，鹰舞与塔吉克族人的日常生活有着非常紧密的联系。在塔吉克族人的生活中处处可以看见鹰的存在，比如塔吉克族人穿的乔鲁克皮靴的形状就如鹰的鼻子，在其他服装上也有许多鹰的元素。不同地区的塔吉克族鹰舞动作上也稍有区别，塔什库尔干塔吉克自治县的鹰舞因为民族单一性的缘故，较少受到其他文化的影响，基本保持了原来的面貌。其他地区的鹰舞基本也是从塔什库尔干塔吉克自治县学习的，但因为和其他民族混居，不排除吸收了其他民族的舞蹈元素，舞蹈动作上可能会有一些变化。

塔吉克族鹰舞与塔吉克族节庆、婚礼和日常生活有着紧密联系,充分体现了非遗活态传承的意义与价值所在。

肩负责任,后继有人

作为国家级非物质文化遗产代表性项目塔吉克族鹰舞代表性传承人,库尔班没有忘记身上的传承责任。在鹰舞申遗的过程中,库尔班积极培养年轻的鹰舞舞者。哪怕前期没有培育资金,家里条件也十分艰苦,但他坚持将鹰舞传授给自己的子孙和乡邻后辈,自觉自愿地教授徒弟。对于塔吉克族祖祖辈辈流传至今的鹰舞如何传承的问题,库尔班动情地说:"希望党和政府对鹰舞的非物质文化遗产保护工作可以继续下去,希望我的子孙、我的徒弟在将来也能全力配合鹰舞的保护工作,可以更好地传承塔吉克族鹰舞,把它发扬光大。如果在去世之前可以一直为塔吉克族鹰舞的传承做着我应有的贡献,那么我死而无憾。"

在节日期间,库尔班经常邀请要好的鹰舞艺人来到家中,共同探讨鹰舞的舞蹈技巧,交流心得体会和经验诀窍,通过模仿雄鹰的动作、眼神和感觉,了解鹰舞背后的含义。聚会的最后,库尔班总要鼓励大家加强训练,保持身体的柔软和动作的优美,把鹰舞继续传承下去。

在库尔班家中交流鹰舞技巧的舞者们

几十年来,库尔班已经教出了十五个徒弟,个个出类拔萃,其中有些还考入了文工团,成为专业的舞蹈演员。库尔班在

在库尔班的指导下,徒弟恰鲜拜(前排)示范鹰舞动作

正在接受口述史采访的库尔班和徒弟恰鲜拜

教徒的过程中,十分注重博采众长。在父亲去世以后,他给自己立下了更严的要求,不仅要继承家族原有鹰舞的传统,还要从其他地方兼容并蓄地学习。他经常观看文工团演员的演出,并学习专业演员舞姿中的精彩部分,再教授给徒弟们。他像父亲当年对待他一样严格要求徒弟们。在这些徒弟中,大徒弟恰鲜拜已经跟随他学习了十余年鹰舞,掌握了鹰舞的全部表演技巧。

近年来，库尔班年事已高，腿脚不便，恰鲜拜经常代替师父做示范，带着其他徒弟们练习。恰鲜拜表示，他愿意随时陪伴在师父身边，永远记住师父对自己的恩情。师父在那么艰苦的环境下都没有把这个舞蹈扔掉，现在的生活环境和条件这样好，他更没有理由扔掉传统，而是要将其更好地传承下去。从今往后，他要进一步搜集、整理鹰舞的手势、步态等，更好地将这个舞蹈传承下去，为了这个舞蹈更好地发展而努力。他愿意继续向师父学习，并希望有朝一日能像师父一样，成为鹰舞代表性传承人，积极培养下一代学生，将塔吉克族的这门传统艺术发扬光大。

在库尔班的心中，鹰舞是塔吉克族人的光荣与骄傲。成为国家级代表性传承人之后，库尔班的影响力和名气在当地逐渐扩大，有人甚至慕名而来学习鹰舞，他都会倾囊相授。他希望塔吉克族鹰舞能够像塔吉克族人民的血脉精神那样世代相传。

民间舞蹈是一地民风的体现，是一种精神的象征。库尔班与塔吉克族鹰舞舞者们，像雄鹰一样守护着塔什库尔干这一片高原净土，坚守着对自由的向往，延续着塔吉克族坚韧的血脉精神。

> 塔吉克族爱鹰，如同汉族爱龙
>
> 塔吉克的鹰舞，如同汉族的舞龙
>
> 心有所爱，身有所动
>
> 舞蹈是献给图腾的，更是献给自己的
>
> 帕米尔的天有多高，雄鹰就会飞多高
>
> 雄鹰飞得越高，塔吉克的鹰舞就会跳得越欢快
>
> 翱翔吧，帕米尔的雄鹰
>
> 守护着塔吉克族人的家乡
>
> 守护着祖国西北的边疆

传统戏剧

- ▶ 木偶戏（邵阳布袋戏）
- ▶ 婺剧
- ▶ 歌仔戏
- ▶ 彝族撮泰吉
- ▶ 傩戏（德江傩堂戏）
- ▶ 曲剧
- ▶ 湘剧
- ▶ 皮影戏（凌源皮影戏）
- ▶ 皮影戏（腾冲皮影戏）

孤独的剧团：

刘永安与邵阳布袋戏

杨秋濛

刘永安

　　刘永安（1946—　），湖南邵阳人，国家级非物质文化遗产代表性项目木偶戏（邵阳布袋戏）代表性传承人。在戏窝子长大的刘永安，是刘氏家族的第十八代传人。20世纪60年代他跟随叔父刘恒毅挑担下乡演出，70年代末至80年代，他独自在广西、贵州、江西、湖南境内的乡村、集镇演出。刘永安熟练掌握布袋戏的技艺，打开台是他的拿手好戏，鼓声干净利落，轻重缓急有序，变化多样，表演细腻娴熟，刻画人物惟妙惟肖，说唱戏文字正腔圆，声音刚劲豪放。其代表作有《孙悟空三打白骨精》《武松打虎》《大闹高家庄》《青龙山》等。

时光匆匆如流水

站在岸边的老人

望着河水奔流的方向

又低下头

看着手中的担子

这担子里装的是他的剧团

一个人孤独的剧团

流传十八辈的木偶小戏

千百年来,湖南地区流传着"衡阳渔鼓祁阳戏,邵阳南路耍把戏"的俗语,这后半句说的就是邵阳布袋戏。邵阳布袋戏,是我国现存唯一的原始布袋戏,也是保存最完整的单档布袋戏。福建漳州布袋木偶戏、晋江布袋木偶戏、台湾布袋木偶戏与邵阳布袋戏本是同宗同源,但是在漫长的发展和演变过程中,福建和台湾的布袋木偶戏逐渐改良,自成一派,只有邵阳布袋戏还保持着最初特色:一人班底的表演形式、表演风格和表演技巧。当地人喜欢把邵阳布袋戏称为"被窝戏"或"扁担戏",一个艺人挑一根扁担,一兜布袋装一个剧团。表演之前,艺人将布袋打开,首先将木凳放在中间,把锣、鼓、镲等乐器安装在板凳的机关上,将扁担固定在板凳特制的孔里,接着以铁钎为支架搭起一个高约四尺(约一百三十三厘米),长、宽约二尺四(约

邵阳布袋戏表演现场

221

八十厘米）的戏棚，下方用蓝色的印花布袋围起，遮挡住艺人表演时的身体，上方留出木偶戏表演的舞台空间。表演时，艺人躲在布帷内，双脚套上控制乐器机关的绳索，双手操控木偶人，嘴里含着特制的哨子，锣鼓一起，声腔一开，布袋戏表演就正式开始了。布袋戏艺人手、脚、口、舌并用，一个人包打包唱，展现着熟练的操作经验和唱腔技巧。演出完毕，艺人将木偶、乐器等道具一并收入布袋内，也正因此，这个戏种被称为"布袋戏"。

清嘉庆年间邵阳著名诗人邓大猷的一首《竹枝词》，描写了当时邵阳布袋戏艺人卖艺的情景："梨园子弟不知耕，一担傀儡随处行。但过重阳风雨后，村村演戏赛秋成。"这群世代沿袭的布袋戏艺人大部分集中在邵阳县一个叫燕窝岭的小山村里。据《刘氏家谱》记载，元末明初，刘氏祖上胜公为躲避战乱，携家眷挑着布袋从江西逃难至湖南燕窝岭定居。邵阳布袋戏从胜公传至永字辈，已经十八代了。几百年来，布袋戏都是一种谋生方式，原来是以唱大戏为主，随着社会的发展，人们脑筋开化灵活一点儿了，就逐渐把大戏改成了小戏。大戏是由人进行演出的，需要很多演员扮演不同的角色，而小戏不需要这么多演员，主要以木偶代替人表演，所以

燕窝岭

叫作"木偶小戏"。木偶小戏和由人扮演的大戏的剧本基本一致,比如《武松打虎》在京剧、花鼓戏中也有,布袋戏只是将由人扮演的角色用木偶来代替而已。木偶小戏是一个人的戏班,这和大戏众多演员集体活动相比,各方面都更便利,演出成本也比较低,因此在历史的发展中更容易被流传下来。

耳濡目染,自有传承

刘氏家族是邵阳布袋戏重要的传承者。其他地方虽然也有布袋戏艺人,但是传承比较好的、在当地较有名气的,还要数邵阳县九公桥镇白竹村燕窝岭的刘氏家族。据说在过去邵阳布袋戏发展的鼎盛时期,这一带方圆十里有一百多副担子,现如今虽然衰落了,村里能演布袋戏的,前辈和新徒加起来起码也有二三十人。从小在戏窝子中长大的刘永安,在耳濡目染中对邵阳布袋戏产生了浓厚的兴趣。刘永安祖辈以务农为主,农忙时种田,农闲时挑着担子去唱布袋戏。村子里有红白喜事、民俗节日,都要邀请老艺人演出。光字辈的刘光离、刘光珍,恒字辈的刘恒柱、刘恒文,都是村子里数一数二的布袋戏艺人。每年过了九月以后,大家都出去搞副业——到广东、广西演布袋戏来增加收入。刘永安十六岁辍学后,就开始给叔叔刘恒毅挑戏担,跟随他翻山越岭、走街串户去演出。刘恒毅被大家称作"石满爷",家家户户都请他唱,今天演完,明天还要点名让他来演,看完了一场,大家凑点儿钱还要继续看一场,老百姓总说"石满爷"的戏永远看不腻。刘永安听师父刘恒毅介绍,20世纪50年代初期是邵阳布袋戏最辉煌的时候,他们曾表演不到一个小时,就拿到一谷仓的钱。这一谷仓的钱是怎么算出来的呢?按照当时的物价九块五毛钱一担谷子,可以买一千三百多斤谷子,可以装满整整一谷仓。刘恒毅在当地有相当大的名气,这让刘永安认识到布袋戏的影响力。那时候的他只是觉得感兴趣、好玩,便跟着叔叔去演出,表演时他就坐在台下静静地看、默默地体会。有时候晚上演出结束了,叔叔也会给他讲讲刚才的戏,但刘永安一次也没有上过台。叔叔说练习不到

刘永安(左)挑着布袋戏的担子去演出

一定的程度,是不允许上台的,勉强上台就是自找麻烦,因为在村中一次表演"不中靶"①,那在这片儿的口碑就立不起来了,所以第一次一定要演好,被观众认可,这样一传十,十传百,才能家喻户晓。

　　20世纪70年代末,邵阳布袋戏迎来了"百花齐放、百家争鸣"的发展时期,叔侄俩的演出也多了起来。1978年,刘恒毅在一次演出中意外被桌子砸伤了脚背,开了一条特别长、特别深的口子,没法操纵乐器了,眼看着戏还有一半没演,这时候三十二岁的刘永安从叔叔手里正式接过戏担,拾起布偶,装起乐器,经过叔叔的再三指导后,便接替叔叔开始了布袋戏走南闯北的演出生活。刘永安仍记得第一次演出时候的紧张。村民凑了五斤米和一块多钱,邀请他到村里演出。没有师父在身旁,他壮了壮胆便开始了第一次布袋戏表演。刘永安回忆说:"我唱的时候紧张到手发抖,根本不是有条有序地打锣鼓,有条有理地唱啊。"接连演了几次,刘永安的表演逐渐熟练,此后布袋戏的演出一直没有中断过。每次刘永安在外演出个把月的时间,就回来给师父表演一下,接受师父的指导以增进技艺。刘永安的认真和勤奋令人感动,渐渐地,师父便传授一些绝活给他,比如身板要直,坐姿要正,双脚傍着凳脚才可以在打锣鼓的时候得到有力支撑,乐器才能打得响亮透彻;再比如大锣、小锣、镲钹和鼓这四样乐器,要在哪个拍子突出哪一方面的调子,要通过策花②变换拍子和节奏。挑起担子翻山越岭,放下担子搭台演戏,刘永安谨记师父的教导,就这

―――――――――――――

①不中靶:得不到观众认可。
②策花:换花样打调子。

么一路走一路演,足迹踏遍湖南、广西、贵州及江西境内的各乡村集镇。

木偶小戏台,演绎精彩大世界

邵阳布袋戏的木偶是木偶戏家族中体形最小的,只有六七厘米长,重量约一百克,布袋戏艺人用一只手即可操纵。和传统的大戏一样,布袋戏也有生、旦、净、丑等行当。艺人对木偶和戏曲需要有深刻的了解,绝不能错用木偶。邵阳木偶的形象主要分为两类:一类是历史人物,这些木偶一般采用写实的雕刻方法,简练精致,造型特点突出;另一类是神话故事中的神灵鬼怪,这类木偶一般用夸张的雕刻手法突出鲜明的人物个性。木偶的脸谱与祁剧脸谱极为相似,一般有红、黑、白、黄四种颜色,力求褒贬分明,让观众一目了然。

刘永安介绍,木偶是人的替代物,所以布袋戏艺人对木偶必须非常尊敬,表演的时候要把木偶当作演员,要和木偶结伴,不能只把它当作道具或木头。师父交代,绝不能把木偶乱丢乱放,不能放在地上,更不能放在不敬的地方,要养成好的习惯,因为木偶在老艺人心中的地位很神圣,不可不敬。老艺人大多同时精通雕刻技艺,像刘永安的师父刘恒毅、木桐桥村的刘恒龙,雕刻手艺都非常好。1981年,布袋戏再次兴盛,从事布袋戏表演的艺人非常多,木偶的需求量很大,但会雕刻木偶的好师傅却不多,因为除了木偶戏艺人演出所需和博物馆、展览馆展陈所需,木偶几乎没有市场,长久下来从事木偶雕刻的师傅越来越少,木偶雕刻面临发展困境。

邵阳布袋戏在所有木偶戏中是比较独特的,道具设置、舞

刘永安在雕刻木偶头

台搭建和表演都有不少讲究。所有道具都有严格的放置规则。一场布袋戏表演通常需要数十个木偶配合,艺人的布袋通常分四到五个格子来装演出用的道具,有的大格子里面又细分了数个小格子,将乐器和木偶一层一层地分开放置,方便取用和收纳。木偶的背部安有小铁丝,弯成钩子的形状,演出时一个一个并排挂在搭建好的舞台布帷里,艺人可以清楚直接地分辨木偶,节省了翻找的时间,需要哪个木偶直接把手套进去顶起来就可以进行表演了,便捷又省时,这是邵阳布袋戏演出的一大特色。搭建舞台的时候也非常讲究,一般情况下朝着太阳的地方不能搭台子,因为阳光刺眼会影响演出。在农村演出的话,舞台不能正对朝堂、挨着香火,这是对祖先的不敬,通常要选偏一些的地方,这是规矩。如果是户外演出,舞台通常靠墙壁搭建,一是能够避风,二是打起锣鼓的时候会有很好的回音。如果放在空间很大的地方,回音就不明显,锣鼓、唱腔乃至戏的味道就会大打折扣。

吹打弹唱耍,各类绝活一人通

邵阳布袋戏至今仍原汁原味地传承着古老的表演方式和表演技巧。一出戏从唱到做,从打击乐到人物台词,不管大戏小戏、扮女装男、文戏武戏、出出进进、搭台拆台、搬运走动,全靠艺人一个人的手、脚、口并用及声腔的变化和十指的灵活调度来完成。一个艺人、一副戏担,演的是名副其实的独角戏。

布袋戏的流传皆为祖祖辈辈的口传心授、言传身教,没有固定的剧本和既定的表演时长,这就赋予了表演者很强的灵活性,也造就了其鲜明的个人艺术特色。刘永安不仅熟练地掌握了布袋戏的所有技巧,在繁忙的表演中做到游刃有余,还能用木偶耍一手绝好的把子功,这样灵活自如的转换,让手中的木偶平添了不少生气。把子功在武戏中表现打斗场面的技巧和套路是布袋戏操控木偶的基本功,比如《西游记》里孙悟空在治妖拿怪,就是要把金箍棒耍好,显示出武打戏的特色,这需要艺人掌握扎实的基本功。刘永安师传的把子功主要有三种:第一种叫滚把子,也叫混把子,就是用大拇指和中指操纵木偶手中的棍子(以孙悟空为例,下同),速度均匀地让棍子在木偶的两手中间滚动;第二种叫夹把子,就是两个手指夹住棍子转动,需要艺人长期练习才可以保持手指的力度,老艺人夹把子是外人抽不掉的,非常有劲儿;第三种叫抛把子,就是在操纵木偶的时候把棍子抛起来再接住,左右手都要会单手抛接、传递,在打斗场面激烈时还有双手抛接的动作。这些基本功均需要长期练习,才能精准掌握耍把子的技巧。布袋戏表演非常讲究艺人双手的控制和配合,不但协调感要好,而且要符合剧本需要,如果孙悟空打猪八戒或沙和尚,那就要右手拿孙悟空,因为右手相对来说灵活、操控感好,在舞台上右手拿的孙悟空要明显占上风,强者为胜,左手要略占下风,双手协调形成符合剧情的打斗态势,这样才能引起观众的兴趣。

在布袋戏的表演里面,唱功是最重要的,不管是文戏还是武戏,都要靠唱腔来塑造角色,以唱功来打动观众。流传百年、古朴纯真的布袋戏以祁剧唱腔为主。祁剧在湖南是一个比较流行的剧种,比花鼓戏的节奏感强些。刘永安称花鼓戏为"垮垮调"①,相比之下祁剧的唱腔要板正得多。邵阳布袋戏以祁剧的弹腔、高腔、弋阳腔音乐为基础,吸收花鼓戏和民间小调的剧目加以改造、变化,给观众带来丰富的戏剧体验。

在唱功之外,邵阳布袋戏艺人最独特的技艺是吹口哨。口哨可以模仿出各种动物的叫声,还可以在戏文的句与句之间用作接音。通常要准备两三个口哨,以应对在演出中出现损坏或丢失的情况。口哨一般用牛骨或猪骨制成,挑选硬度很高的筒状骨头从中间破开,用磨石磨成两个平片,在中间夹一层薄薄的皮子作为底膜,然后捆绑在一起,和笛子的原理一样,通过中间这层皮和夹板的震动发声。口哨的制作非常考验艺人的技艺水平,需要将两个骨片磨得非常平,吹出的声音才好听,不平或是漏气都会影响口哨的声效。口哨需要经常检查,天气干燥或潮湿都会

①垮垮调:随意轻松的调子。

影响口哨的音准和音量。若是艺人在动物出场的时候没有用口哨吹出对应的声音，那观众是绝对不会买账的。所以这是布袋戏艺人必须经过的一个考试，没有口哨声就谈不上布袋戏表演，吹口哨的技艺不好就得不到观众的认可。

刘永安作为国家级非物质文化遗产代表性项目木偶戏（邵阳布袋戏）代表性传承人，有两个绝活为人称道，其中一个就是吹口哨。刘永安的口哨吹得特别好，他可以用口哨模拟数十种动物的声音，老虎的吼叫、马的嘶鸣、鸡鸣犬吠，都演绎得惟妙惟肖。口哨还可以用来替代角色的演唱，因为布袋戏各个角色的唱腔全靠艺人一人完成，由于声音器官在音调音域上有所局限，没有一个艺人可以将生、旦、净、末、丑的声音全部展现出来，男艺人只能唱男声，对于旦角的女声，刘永安就用哨子来进行表达，以区分两类角色。他还有一个绝活就是打开台。打开台说的是布袋戏表演的戏剧场面，艺人需要多年的积累才可以形成带有明显个人风格的戏剧表演场面，乐器、口哨的表演技能与情绪、唱功的表演技巧需要高度配合，才能呈现出丰富的舞台效果。刘永安精彩的舞台表现是最吸引观众的地方，不论是传统剧目《西游记》《武松打虎》《杨家将》《三国演义》，还是老戏创新剧目《刘海砍樵》《孟姜女》，都为老百姓津津乐道。刘永安在表演时有很多即兴发挥，剧本是演出的主体，但在真正演出的时候，刘永安并不完全套用剧本，三分之二的部分照着剧本的意思演，地点、人物、场面不能颠倒，剩下的部分就是即兴表演，添枝加叶让其更丰满好看。

刘永安身上保留着民间艺人最质朴的本真与专注，当他拿起木偶的那一刻，人与戏便融为一体。《西游记》是刘永安表演最多也是最拿手的剧目，一场戏下来两三个小时。观众之所以爱看，是因为这是全本的打戏，场面热闹，情节紧张，并且有很多高难度动作，对演员手上、嘴上、身上的技巧要求都很高。这一出布袋戏表演下来，艺人的体力消耗极大。表演者不但要有极好的协调性，还要有强健的体魄，才能胜任这份工作。刘永安的《西游记》不会重复演出，这个村子演《两界山》《五行山》，下个村子就要换个剧本，演《黄风岭》《青龙山》，因为两个村子挨得近，总会有村民串着村子看他的演出,所以刘永安就按照剧本依次表演下去,或者准备十个八个戏本,让观众现场点戏,村民要他演哪一出,他就演哪一出,还会在表演时加一些花鼓戏、京剧的唱段或一些民间小调,丰富布袋戏的表演内容。刘永安的演出在湖南地区妇孺皆知,村民都非常喜欢他。

时至今日,刘永安仍保持着每天练习的习惯,在家里总是要到十一二点钟才睡觉,拉一拉琴,唱一唱调子,吹一吹唢呐,整理一下木偶和乐器,这成了他几十年如一日的生活方式。刘永安说,布袋戏艺人必须经常练习,如果太久不练,手上的技艺就会慢慢生疏,所谓"三天不做手生,三天不讲口生",说的就是这个意思。刘永安说,这是老年人消磨时间的好方式,高兴的时候通过乐器表达自己的心情,不快的时候演奏一会儿就能忘记烦恼和忧愁。他把布袋戏当作最大的爱好,殊不知他在传承着邵阳布袋戏几百年来的文化与历史。

一身绝技无徒传承,布袋戏面临传承困境

作为中华传统文化的一条溪流,邵阳布袋戏虽小而不断,虽弱而不折。但随着时代的发展与变迁,农村的娱乐方式越来越丰富,人们看戏的热情早已不复当初,也很少有人愿意拜师学艺,这个流传几百年被刘永安视为祖传家业的邵阳布袋戏,现在竟面临着无人传承的尴尬境地。刘永安总说,家业不能丢,如果布袋戏在自己手里丢了就太可惜了。

在刘永安学戏的年代,布袋戏有着传男不传女的规矩,只能传给儿子或男性亲属。但现在为了广泛地普及和传承布袋戏,不管男女,不管是否为本地人,只要愿意学,刘永安都愿意教。但是布袋戏练习辛苦,出师不易,这导致很少有人愿意学习布袋戏。之前刘永安带过三个徒弟,已能进行简单的表演,但是因为工作调动和其他的原因,他们先后放弃了布袋戏的学习。面对窘境,2014年,七十岁的刘永安决定将一身的本事传授给自己的孙子刘宇。刘宇十一岁开始跟刘永安学布袋戏,

刘永安教授孙子刘宇练习布袋戏的伴奏乐器

打一打锣鼓,练一练基本功,学习一些动作。几年下来,刘宇已经能简单地表演一些戏曲人物的基本动作,这给传承工作带来了一线希望。但后来刘宇参加中考,繁重的学业加上寄宿学校,爷孙俩很少有见面的机会,对布袋戏的学习只能见缝插针,刘宇利用周末或寒暑假的时间短暂学习,掌握了一些简单的乐器和木偶操作,但他就是不愿意开口学唱。正值青春年少,十六岁的刘宇有自己的梦想——做一名图画设计师。但刘永安除了孙子再没有其他徒弟,虽然经常有布袋戏进校园、进社区的活动,但普及并非传承,他还是想把传承工作进行到底,让刘宇大学毕业后以布袋戏为职业,但刘宇是否能继承祖业、成为爷爷唯一的传人,只能将答案留给时间。

时光匆匆如流水

站在岸边的老人,还是不愿放下手中的担子

他看了看河水奔流的方向,又一次挑起了担子

然后转过身,逆流而上

在他肩上的,是一辈子的手艺,是千里路的漂泊

在他肩上的,是个孤独的剧团——属于他一个人的剧团

江南兰正香：

郑兰香与婺剧

全根先

郑兰香

　　郑兰香（1937—　），浙江温州人，国家级非物质文化遗产代表性项目婺剧代表性传承人，1955年入浙江婺剧团，工花旦，国家一级演员，师承周越先、徐汝英等。1960年，郑兰香在杭州主演《牡丹对课》，受到毛主席赞赏；1962年，进京演出《双阳公主》《僧尼会》，受到周总理等中央领导接见。郑兰香历任浙江婺剧团演员、团长，中国剧协第三、四届理事，浙江省剧协副主席；荣获浙江省劳动模范称号，荣获浙江省戏剧中年演员精英大奖赛最佳表演奖、浙江省文化厅"金艺奖"；享受国务院特殊津贴。2001年，她创办了兰香艺术学校，任校长。

春暖花开时节

鲜花盛开,争奇斗艳

而我却偏爱兰花

我爱兰之清新幽香,高洁典雅

我爱兰之坚韧不拔,漫山遍野

我爱兰花

还与一个人有关

戏曲花园中的江南香兰

婺剧——徽戏之"活化石"

郑兰香出生于20世纪30年代,其时婺剧已趋于衰落,她从小喜欢的是越剧。不过,婺剧其实是比越剧甚至京剧更为古老的一个剧种,自明代至民国长期在浙江金华地区流传,融合了高腔、昆曲、乱弹、徽戏四种戏曲和滩簧、时调两种曲艺,故有徽戏"活化石"之称。京剧大师梅兰芳曾说:"京剧要寻自己的祖宗,看来还要到婺剧中去找。"①婺剧在全国声名鹊起,则是1949年以后的事情。以婺剧赴京演出为契机,郑兰香一度成为婺剧的代名词。

在民间,婺剧一直是群众喜闻乐见的一种艺术形式,所谓"锣鼓响,脚底痒",说的便是婺剧开场的"闹花台",婺剧受欢迎的程度由此可见一斑。这当然与婺剧剧目丰富、文武兼擅、功夫独到的艺术特点有关。

郑兰香在浙江义乌佛堂演出旧照

---

① 金华市艺术研究所编著:《中国婺剧史》,中国戏剧出版社,2006年,序第1—2页。

学艺——名师传授成正果

郑兰香并非出生于梨园世家,父母是从事手工业的,父亲帮人家做金器和银器,是金楼里面的工人。爷爷很早就去世了,家中有一个奶奶,七个兄弟姐妹,她是老大,生活比较困难。迫于生计,她只读了五年书,家里就不让读了,让弟弟们读书。那时候,都是重男轻女,她母亲说:"不要读了,外面寄来的信能够自己念得下来就好了。"

郑兰香在学戏前,在居委会工作过。对于这件事情,她印象很深。她说:"我是居委会的积极分子,做事很积极的。新中国成立后,我们老百姓翻身做主,一片欢欣鼓舞,老百姓特别开心!所以,我一天到晚,有空就钻到居委会,还有个卫生所,这两个地方都去,看他们有什么事情。"那个时候,诸如搞卫生、井水消毒、除"四害"等,她都冲在前面,做了不少事情。

郑兰香自幼酷爱戏剧。上学时,只要有剧团来演出,她都要想方设法去观看。当时,剧团为了吸引人,都有十五分钟到半个小时的"开门戏",她便和小伙伴进去看。看了以后还不过瘾,趁演员不注意,还要钻到后台去看他们卸妆,看他们吃饭。演员们说:"小朋友,你们快回去吧,父母还在等你们吃饭呢!"她这才不情愿地离开。

因为经常看戏,郑兰香心里就有了当演员的愿望。后来,她想考演员,可父母都不同意。特别是她父亲,坚决反对,说家里再困难,也不能让女儿去演戏,如果一定要去演戏,就不要姓郑。这也难怪,在传统观念中"戏子"是低人一等的。不过,这并没有打消郑兰香学戏的念头。等父亲上班去了,母亲出去买菜时,她就在家里唱越剧,不管唱得如何,反正就是喜欢。

说起来,郑兰香与婺剧结缘纯属偶然。1954年8月,华东地区举办首届戏曲观摩演出大会,平阳和剧团陈美娟主演的和剧《断桥》荣获优秀演出奖,陈美娟本人荣获演员表演一等奖,引起轰动。1955年,浙江省文化局根据中央抢救戏曲精神,准备筹建婺剧团,把陈美娟调至剧团,并在全省范围内招生。一天,招生人员正在温州城内路边吃饭,偶然发现巷口路过一位青春靓丽、哼着小调的姑娘,就请她入考场一试,结果发现她颇具天赋,遂将其招进训练班。这个姑娘便是郑兰香。

郑兰香的父亲原本不想让她学戏,但家里经济困难,靠摆个小摊卖烟,挣不了几个钱,现在也想通了,就同意她去了。

在训练班,郑兰香遇到了一批好老师,他们对学员要求非常严格,她很快掌握了婺剧的基本要领。周越先(原名周月仙)老师对她影响较大。周老师生于1928年,龙游县后田铺村人,八岁就进入父亲周春生所创办的越剧小科班学戏。这个戏班以家庭成员为班底,一开始演的是越剧,抗日战争胜利后才改演婺剧。周老师教郑兰香的第一出戏是《槐荫记》,黄梅戏叫《天仙配》。郑兰香演的是《槐荫记》中的一段折子戏——《槐荫分别》,扮演七仙女。周老师虽然年纪大了,但她还是亲自教学,指导形体、腰腿、台步,还跟大家一起练,使学生们明白"台上一分钟,台下十年功"的道理。徐汝英老师工花旦,唱腔甜美,婉转流畅,富有韵味,她的悉心指导,也使郑兰香获益匪浅。

还有一位老师叫盖叫天。他是京剧名角,河北高阳县人,长期在江南地区演出,工武生,擅演武松,有"江南活武松"的美誉。给大家上课时,他说:"十七八岁开始学戏,你要多用功啊!他们都是六七岁就来了!"郑香兰听了,顿时觉得自己年纪这么大了,要是学不好,再被退回去,那就没地方去了。她的思想波动很大,感觉自己手脚都僵硬了。

陈金声老师教唱腔,江和义老师教高腔,还有王方中、方葆元等老师,他们都非常认真地教。郑兰香说:"老师们就像慈父、慈母一样,不仅教我们艺术,还教我们如何做人。"她暗下决心,一定要练好基本功,决不能辜负老师们的期望。

郑兰香学习十分刻苦,总是想方设法多学一点儿本领。当时,有个部队来的贾慕超老师,是演京剧的,教的是武戏。郑兰香是演文戏的,人家不让她学武戏,说是你把台步、水袖、唱腔练好就行了。可是,她还是不放弃。每天吃过午饭,学武戏的学员去学剑舞,她就坐在门口看他们练,自己也跟着练。时间长了,贾老师觉得她有一股韧劲儿,训练时也叫上她,帮她压压腿什么的,结果腿都弄伤了,她也不敢吱声。当时,大家都非常用功,经常在月光底下走台步、做身段,所以进步都很快。

最难的是学语言。地方戏的一大特色,就是要用当地方言演唱,这样才原汁原味。婺剧诞生于金华地区,要用金华方言演唱。郑兰香是温州人,温州话与金华方言还是有差别的。她不仅要学正宗的金华官话,还要学金华土话。于是,她便在日常生活中学,听广播,念报纸,念台词,一字不对,重新来过。

功夫不负有心人。经过长期的学习和实践,郑兰香终于学成,并最终成为一代婺剧名家。

表演——采众长,勇创新

郑兰香入婺剧团不久,因其天赋优异、勤学苦练,很快就成为团里的业务骨干。1957年,金华地区组织会演,她在《黄金印》中扮演苏秦的妻子。黄金印,就是黄金制作的印章,在古代是王侯将相所佩,是权力的象征。婺剧《黄金印》与京剧不同,戏中的主角不是韩信,而是战国时期的纵横家苏秦。苏秦是洛阳人,早年拜鬼谷子为师,学习纵横之术,后游说列国,佩六国相印,成为一代传奇。唐代诗人李白在《别内赴征》诗之二中写道:"出门妻子强牵衣,问我西行几日归。归时倘佩黄金印,莫学苏秦不下机。"现代文学家郭沫若在《前茅·哀时古调》诗之三中写道:"羡煞人,黄金印,顺口说合纵,横目说连衡。富贵在天生有命,一朝尸被五牛崩。酒醴,三牲,准备哭苏秦。"郑兰香演苏秦的妻子很成功,获得了二等奖。这个剧目参加浙江省第二届戏曲会演,她又荣获优秀演员二等奖,《浙江日报》作了报道。浙江婺剧团在短短几年里,一下子拿出四台戏,在省里参加演出,全都得奖,在社会上反响很大。后来,《黄金印》到温州会演,郑兰香回家探亲,注意到父亲把《浙江日报》有关报道剪下来,贴在了墙壁上。

1959年,为庆祝新中国成立十周年,浙江婺剧团排练了《牡丹对课》,作为国庆献礼剧目。这出戏讲的是神仙吕洞宾下凡云游,路过杭州铁板桥,见到一家药铺张挂着"万药俱全"的招牌,乃以买药为名,进行刁难。店主白礼文之女白牡丹聪明伶俐,针对吕洞宾的难题从容应对,驳得他无地自容,只好狼狈遁去。郑兰香在戏里扮演白牡丹。为了演好这出戏,她不仅认真揣摩剧本,而且多次去药店体验生活,店面的布置,进药、切药、碾药、磨药等程序,各种用途的工具,小抽屉中盛放的中药,什么金银花、白菊花之类,她都要看一看,摸一摸,有一个亲身感受。

《牡丹对课》演出非常成功。1962年,这出戏还获得了进京演出的机会。郑兰香和她的同事再次将一批具有浓郁地方特色的婺剧剧目呈现在广大观众面前,深受好评。

郑兰香代表作品《牡丹对课》剧照,她饰白牡丹

　　在艺术的道路上，郑兰香的脚步坚定而有力，这与整个剧团的努力是分不开的。在婺剧艺术中，演员在台上的唱功非常重要，但是光嗓子好远远不够，不仅要唱情，还要把情、神、形巧妙地结合起来，这样才能吸引观众，达到良好的演出效果。为此，导演往往对演员的每一个动作、每一个细节都不轻易放过，力求完美。

　　有一天，郑兰香参加《昆仑山》这出戏的排练，一个下午排练下来，导演一直不满意。吃饭以前，导演带她来到婺江边。此时正好是日落时分，太阳似乎在江面上，夕阳下的婺江波光粼粼，非常美。导演对她说："太阳快要下去了，你看，很好看，一点点下来，没有了，可是余光还有。"导演的意思就是启发她，在演出中，即便面前是空的，心里也要有戏。然后，导演还把她带到百货公司，买了一个小麋鹿玩具送给她，启发她怎么进入角色，怎么把表演外化。对此，她感触很深。

　　要演好婺剧，最重要的是唱腔。婺剧很难唱，弄不好，嗓子都哑了，还会充血。为了演好婺剧，郑兰香反复思考，如何才能科学发声。有的人为了唱好，专门跑到省城去学，但这不是老师指点一下就能马上掌握的。为此，她经常琢磨，悉心钻研。通过反复实践，在演出过程中，她慢慢悟出了一个道理，就是用唱腔在台上塑造人物。每个人的个性不一样，每个人的嗓子不一样，那么在舞台上塑造角色也绝对不能一样。

　　可是，要做到这些，又谈何容易！在郑兰香演出的剧目中，既有现代戏，又有历史戏、传统戏，涉及的人物多种多样。对于一个演员来说，这无疑是不小的挑战。如何才能演好不同的人物，体现不同人物的个性和声音特点呢？关键的关键在于气息。作为一个演员，要练一辈子的气息，犹如要练一辈子腰腿功一样。气息如果没练好，想要唱好是不可能的。况且，婺剧音域很宽，如果气息不好，高音根本上不去。

　　另外，吐字也很重要，要做到字正腔圆。所谓字正腔圆，是金华方言的字正腔圆，不是普通话的。这对于非金华籍的婺剧演员郑兰香来说，也是不容易的。在《西施泪》中，她扮演西施，要尽可能真实地在舞台上表现西施这样一位家喻户晓的历史人物。她觉得，西施在兵荒马乱中寻找夫婿范蠡，她跟貂蝉、杨贵妃出身不一样、身份不一样。她是浣纱女，是劳动者，所以在表演上、唱腔上也应该体现出劳动者的特色，不能大富大贵地唱。

在长期的演出实践中，郑兰香在艺术的道路上不断精进，成就斐然。她演出的剧目众多，塑造的人物性格多样，令人印象深刻。人们常把她的名字与婺剧相提并论，这是对她最好的褒奖。在婺剧艺术的广阔天地中，她成功塑造了诸如《牡丹对课》中的白牡丹、《僧尼会》中的小尼姑、《昭君出塞》中的王昭君、《黄金印》中的苏秦妻，以及戏曲电影《西施泪》中的西施、现代戏《双红莲》中的崔红莲、《骄杨》中的杨开慧等艺术形象。

《西施泪》剧照，郑兰香饰西施

郑兰香博采众长而又敢于创新，形成了独树一帜的艺术风格，为婺剧艺术发展做出了杰出贡献。她对角色的独特设计及其表现的流畅自如，令人惊叹！她的唱腔音色甜美、轻松圆润，音域宽阔，表演细腻，文武兼擅。在继承传统唱法的基础上，她又有个人创造，加以完善，其演唱高音亮而不燥，低音厚而不闷，用气足而不浊，行腔顺而不平，声情并茂。同时，她还善于通过肢体语言塑造人物性格，将人物形象刻画得惟妙惟肖，令观众拍案叫绝。

正因为如此，郑兰香的演出经常是座无虚席，有时剧场内走道、门边都被观众挤满，喝彩叫好声伴着掌声似涛声此起彼伏。

1992年3月，参加金华市两会的代表、委员们观看了由五十六岁的郑兰香主演的《红灯记》。她在戏中饰演的李铁梅，开场一声"爹"，一下将观众带到了二十多年前的表演场景，天真活泼、稚气未脱的小姑娘形象赫然出现在舞台上。1999年

6月,郑兰香在金华剧院举办从艺四十四周年专场演出,三天演出,场场爆满,一时间满城都在谈论郑兰香。

郑兰香能走到今天,是出于对婺剧的一份热爱。她说:"我走到今天这步不容易。我知道自己太晚了,好多像我这个年纪的演员都已经出山了,在舞台上了,在群众中都已经非常有影响了,可是我才刚刚进来。我必须为婺剧奋斗终生。我们那个时候党支部教育我们青年人要自己有个计划,一年有一年的计划,十年要有十年的计划,我心目当中想成为哪一个演员,要准备学到什么程度,要有个标准。虽然不敢讲出来,但心里默默地向这些演员学习。"正是这样的信念,始终不渝,持之以恒,郑兰香终于成长为当之无愧的婺剧大家。

传承——兰香艺术学校

马克思、恩格斯在《德意志意识形态》中指出:"历史不外是各个时代的依次交替。每一代都利用以前各代遗留下来的材料、资金和生产力;由于这个缘故,每一代一方面在完全改变了的条件下继续从事先辈的活动,另一方面又通过完全改变了的活动来改变旧的条件。"在人类文明传承过程中,教师起着不可替代的重要作用。苏联教育家苏霍姆林斯基说:"赖以为生的职业有很多,但选择当老师绝不能成为一种谋生的手段,它更是一种责任,一份让知识传承、育人成才的责任。"

2000年,在婺剧艺术领域辛勤耕耘了四十五年的郑兰香退休了。可是,对她而言,这只是角色转换的开始,人生即将翻开新的一页。2001年5月,浙江省第一所以演员名字命名的学校——兰香艺术学校在金华市武义县诞生,郑兰香亲任校长。

提到办学,她这样说:"办学是非常开心的事儿!开始也没有想过,就这样退休回家去,什么也不干了,回家去烧烧饭、买买菜,觉得没意思。后来刚好人家找我,办个学校。这勾起我很多想法。十年一轮,十年以后,这些新生就像笋尖儿一样长

2016年6月26日,浙江省金华市中国婺剧院小剧场,郑兰香指导学生王玲学习《牡丹对课》

出来啦,这个是非常有意义的。作为一个老同志,年纪大了要做让自己开心的事情,后来我就答应到武义去。"为了婺剧艺术,她又放弃了天伦之乐,远离自己在上海的家人。她的丈夫丁加生,在上海戏剧学院工作。他们结婚后曾长期两地分居,忙于各自的事业。

郑兰香说:"寻找和培育出好的接班人,这是对婺剧事业的最大贡献。"她给艺术学校定的学制是三年。招生时,她亲自到各个学校挑初中毕业生。第一次去招生,招了五六十个,但是她发现一个很大的问题,就是这些孩子不会唱,不懂得五音,更不会演戏。对于老师来说,这是非常难的,必须从最基础的东西教起。为了让学生尽快适应学习环境,掌握基本功,老师和学生一个月只休息三天。每天早上六点钟就开始练,白天、晚上都要练功,一天要出好几身汗。通过努力,学生们进步非常快,逐渐喜欢上了婺剧。

郑兰香觉得,学生的父母省吃俭用,把孩子送到这里来,很辛苦地练功,万一没培养好,办学校还有什么意义？所以,她非常重视教学质量。她带学生到北京学习,按照戏曲的手眼身法步、唱念做打,系统学习,培养人才。婺剧艺术中,唱腔是最重要也是最难的。作为校长,她主要抓唱腔,一个吐字、一个声音、一个气息都不放过。同时,她还要教老师,尤其是年轻老师。老师们学了以后,再去教学生。不仅如此,她还十分重视学生的品德修养。她说:"教学生,首先要教他做人,就是品德。一定要尊重老师,尊重长辈,同学之间要互相尊重,互相促进。这个叫道德教育。"

如今,一晃二十多年过去了。郑兰香为培养婺剧人才和婺剧传承辛勤工作,学生们发自肺腑地称她为"兰香妈妈"。

的确,人如其名,郑兰香——犹如兰花般久久散发清香。

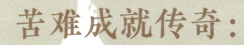

苦难成就传奇：

纪招治与歌仔戏

杨秋濛

纪招治

　　纪招治（1933— ），福建漳州人，国家级非物质文化遗产代表性项目歌仔戏代表性传承人。1945年，纪招治入厦门福金春歌仔戏班学艺，先后师承洪本忠、邵江海。1951年，她加入漳州实验芗剧团，她是目前唯一一位保存歌仔戏宗师邵江海的文字与音乐全貌的人，被称为歌仔戏"活字典"。纪招治的唱腔继承了邵江海杂碎调的精髓，吐字清晰，自成一派，其代表作有《三家福》《安安认母》《加令记》等。1990年，纪招治开始进行歌仔戏的两岸交流，不遗余力地传承与发展歌仔戏文化。

生活能给我们的

除了幸福

还有苦难

那么

苦难能给我们什么

苦难成就人生

苦难造就传奇

福建与台湾隔海相望,两地共同享有一种地方民间戏曲,那便是歌仔戏①。歌仔戏迄今已有近百年的历史,相传是福建漳州地区的歌仔(锦歌)结合车鼓小戏之身段与地方歌谣小调发展而成。随着移民的迁徙,歌仔音乐与车鼓小戏传入台湾,在台湾宜兰融合形成了歌仔戏,后又传回闽南地区,迅速在厦门、漳州一带落地生根。歌仔戏是中国戏曲中唯一诞生于台湾,并由两岸艺人共同创造的剧种。

在歌仔戏的发展过程中,其名称也在不断地变化。抗战前期名为"子弟戏",抗战后更名为"改良戏仔",新中国成立后因漳州地区的芗江而更名为"芗剧",台湾地区多称之为"歌仔戏",新加坡称之为"福建戏"或"闽剧"。虽然名称不同,但所指都是同一个剧种。

爱戏如命的厦门歌仔戏名伶纪招治,如今已经年近九旬,但是依然活跃在歌仔戏表演和传承的舞台上。她被誉为歌仔戏的"活字典",在两岸文化交流中起到了重要的纽带作用。纪招治饰演的经典角色和参演的剧目被一代人所熟知,但她在成为歌仔戏演员前的悲苦经历却鲜为人知。

被贩卖的悲苦童年

1933年,纪招治出生在虎渡村(今属福建省漳州市龙海区),是家里最小的孩子,上面有四个哥哥、三个姐姐,她排行第八。父亲姓苏,亲生父母因为家里贫穷,把大多数孩子都送给了亲戚或卖给了别人。在纪招治四个月大的时候,因为家里实在养不起,亲生父母就把她抱到虎渡的溪口准备弃养,因好心村民劝阻,她才被

---

①普通话发音:"gē zǐ xì"。闽南语发音:"gua a hi"。

纪招治小时候的卖身契

父母卖给了厦门的一户人家。

　　纪招治的养母名叫林金春，当时她刚生的孩子夭折了，那时候厦门有一种帮人介绍买卖孩子的"孩子间"。介绍人跟林金春说，纪招治看起来还不错，有贵气，正好林金春也在涨奶，可以抱过来养。养父黄天赐叫介绍人把孩子抱过来，一见面孩子就笑了，黄天赐觉得很有缘分，就用十六块大洋买了这个刚刚出生不久的女娃儿。但好景不长，一天养父黄天赐不知什么原因，出门后就再没回来，家里生活困难，养母只得改嫁给一个安海人做偏房，嫁过去就再也没有认过纪招治。

　　后来，有对老人家收养了纪招治。小时候的她什么都不懂，经常管这对老人叫爸爸和妈妈，村里人总是说爷爷变爸爸，奶奶变妈妈，她并不理解那是什么意思。她称这对老人为老父老母，随老父姓纪，取名招治。老父是个跑船人，有些经济收入。纪招治六七岁的时候，老父把她送进了大同小学读书，学习了《三字经》《四字经》等开蒙读物。但好景不长，日本人禁港以后，老父就失去了工作，纪招治也就终止了学校的学习。世事无常，老父患了肝病，病重离世，纪招治就和老母一起生活。老母年纪大，腿脚不利索，纪招治就挑起了家里的重担——她沿街叫卖碗糕粿，在机场边卖地瓜，上山割野草、砍山藤、拾柴火，在海边等退潮后捡海苔和凤眼螺。1942年，老母为生活所迫到离厦门很远的地方当杂工，仍难以维持生计。在艰难困顿之下，纪招治为了减轻家庭负担，做了一个艰难的决定——主动提出将自己卖掉。她后来被卖到南猪行巷台湾人陈秋土家做女儿，名义上是做女儿，实际上九岁的她在陈家要负担煮饭、扫地、挑水、倒夜壶等杂事，虽然辛苦，却不再挨冻挨饿。

台湾人养父陈秋土是个戏迷，生了一个女儿后，又买了三个女儿，他执意让女儿们学习音乐，日后卖艺赚钱。大女儿被培养为南音艺人，二女儿在茶馆当舞女。在干家务的时候，纪招治经常能听到姐姐们上课，她天生一副好嗓子，声音清脆悦耳，悟性又高，在耳濡目染之下，从大姐那里学了南音，跟二姐学会了《夜上海》《望穿秋水》等流行歌曲。陈秋土付钱让纪招治重新回到私塾读书，南管乐器课的学习让她的童年多少有些趣味。但因为养父的要求过于严苛，纪招治如果做错事或者没有按照要求办事就会遭到毒打，小小的她忍受不了挨打，逃跑过两次。她在外面做过杂工，跟过部队，给人家洗过衣服，每天居无定所，但最终逃不过被追回的命运。1945 年，老母从漳州回到厦门，纪招治拒绝随陈秋土去台湾，执意回到老母身边。

颠沛流离的童年培养了纪招治吃苦耐劳的品性，也让她在不知不觉中经历了文化与艺术的启蒙，人世艰辛和人情冷暖成了她未来演绎歌仔戏苦情戏的阅历和情感基础。

戏班生活开启了人生的第二阶段

纪招治家隔壁有个姓纪的亲戚，叫纪芋茹，她是马巷剧团的歌仔戏业余演员，不但善演丑行，还弹得一手好月琴。纪招治小时候经常跑去听她唱歌，跟她聊天。纪招治最喜欢看艺人甩水袖的样子，她总是回家拿条毛巾系在手腕上，学着把毛巾甩来甩去，每次站在坪台上和邻居小孩一起扮戏，都感觉特别有意思。纪芋茹所在的戏班刚开业不久正缺干活的人，纪招治见老板愿意收留她，就蹭热闹跟着纪芋茹进了戏班。那个时候，演戏是被人看不起的。一个姓纪的姑丈听说纪招治演戏去了,就说:"啊?去搬戏?演戏头,乞丐尾,如果回来我就要打断她的腿。"因此纪招治一直不敢回厦门,回来就低着头,不敢跟家人见面。

纪招治一进戏班,就不愿意再出来了。当时学东西不像现在这么容易,要跟人家学唱一首歌,人家不会随便教给你,要在戏班洗戏服,帮着做杂事,人家才会教唱一些戏词。当时纪招治只有十二岁,要去井里打水、挑水,洗那些比她的身高大出一倍的戏服,小孩子的手又小,洗起来相当费劲儿。男人的衣服总是穿得出油,当时也没有洗衣粉和碱粉,都是反反复复漂洗好几遍才能把难闻的气味洗掉。在戏班最常吃的是咸菜配地瓜粥,有时候赶场子要步行很远,晚上在祠堂铺一捆稻草就睡下了,但艰难的生活并没有打消纪招治学戏的热情。有一次戏班里的大人招呼她:"喂,小女孩,要不要来做戏?"就简单教她唱《卢梦仙》中"李妙惠过五更"的唱腔,给她示范丫鬟跟随小姐去花园应该唱什么,纪招治就从最不起眼的丫鬟角色开始学起,只有一句台词,陪着小姐出来转一圈、看一看就下台了。她演过旗军,扮过猪狗,帮着吆喝,虽然都是跑龙套的角色,但纪招治仍然演得很开心。或许是天分使然,她学戏进步很快,常得到戏班大人的夸奖。

就这样,纪招治在十二岁的年纪正式开启了自己的学艺生涯。她正式拜的第一个师父,是福金春歌仔戏团的名艺人大呆。大呆的本名叫洪本忠,是戏班里的总管,编剧本、讲戏、教学、食宿、人员管理等大大小小的事情都由他来负责。他七岁学京剧,八岁学歌仔戏,20世纪40年代后期已经是集编、导、演于一身的歌仔戏名家。大呆师父当时有八个学生,纪招治就是其中之一。师父的教学非常严格,每个发音都必须到位,唱错了就要挨打,一个学生错了,其他七个也要跟着被打。每个角色的人物性格、唱腔、台步都有固定的要求,绝不能有丝毫偏差。那时候,学戏全靠师父口头传授来学习咬字的方法和曲调,师父也不会一遍一遍反复地教,所以必须迅速地把这些内容全部记在脑子里,剩下的就要靠自己临场发挥,这也是对小小年纪的纪招治最大的挑战。为了记住唱词,纪招治走路和休息的时候总会一遍一遍地反复哼唱,她不光学小旦的戏,彩旦、花旦、丑角的戏她也学。每

舞台上的洪本忠(左)

天早上纪招治早早就起来练功,除压腿、下腰这些基本功之外,她也学耍刀枪。久而久之,纪招治的坚韧和刻苦练就了她超强的记忆力,在舞台上的表演也越来越如鱼得水。

纪招治凭借天生的好嗓音加上吃苦耐劳的性格,深受师父喜爱。十四岁的纪招治第一次登台是在《陈三五娘》里饰演益春,虽是小花旦,但这是她担任的第一个连本大戏的主要角色。她的演唱婉转流畅,获得了观众的一致好评。随着表演技巧的积累,无论扮小旦、苦旦、老旦、花旦还是武旦,都难不倒她。苦旦就是青衣,是歌仔戏最重要的行当。纪招治最拿手的是苦旦戏,短短两年就把苦旦演得像模像样。现场演唱《三司会审》时,一个转身后全身都在颤抖,唱"八……仓……"时的眼神,上楼梯时撩裙子的步伐,都显现出扎实的基本功,这些都是靠她平日一遍又一遍的磨炼才养成的。

对台斗戏,是20世纪50年代常见的现象。有时候这边请老旦名角来演,那边也请了一位老旦演员,观众就在两个舞台之间串来串去,谁演得好就跑过去看谁的戏。斗戏斗赢的演员名气越来越大,也就有更多的人愿意请其去演出。那时候有名气的主角一天可以拿到一块多,纪招治最多的时候曾经连斗一个礼拜的戏,一个月拿过六十块,这些成绩和报酬与她刻苦自励、意志顽强的精神密不可分。纪招治说:"做戏观众缘最重要,戏就算只有六分七分,观众都可以给你一个十分。"有了观众的肯定,纪招治对歌仔戏的兴趣越来越浓,越来越迷恋。

师从一代宗师邵江海

1951年,纪招治加入了由台湾歌仔戏剧团霓光班和漳州改良戏剧团新春班合并而成的漳州实验芗剧团。自此她与歌仔戏一代宗师邵江海同在一个剧团,便有了跟随邵江海学习歌仔戏的机缘。她亲切地称他为"江海师",邵江海成了纪招治正式拜的第二个师父。

20世纪30年代,大陆的歌仔戏发展因受到台湾七字调的冲击危在旦夕,是邵江海和其他老艺人一道创造了有别于台湾唱腔的改良调,又叫"杂碎调",挽救了大陆的歌仔戏剧种。邵江海在歌仔戏原有的基础上,吸收融汇了当地诸多剧种的曲调,创制了一套全新的曲牌唱腔,歌仔戏整体艺术水准从此得到很大提升。1948年,杂碎调被闽南的歌仔戏班带到台湾,自此杂碎调在海峡两岸及东南亚广泛流传。

邵江海创造的杂碎调表现力丰富,擅长表现戏剧矛盾和抒发人物的情感。戏好不好看,其实全靠演员的表演能力和舞台素质,对演员的表情、眼神、手势、唱功均有很高的要求。邵江海讲究咬字要清晰,前鼻音和后鼻音必须明确区分开来,他教的学生咬字都很清楚。平时邵江海跟每个人关系都很好,会一字一句地教大家唱词,哪个地方气息要拉到位,哪个地方要干净利落,哪个地方要有特殊的感情表达,都是平时练习的重点。纪招治谨记师父杂碎调的精髓和咬字分明圆润的演唱技巧,即便是需要超高技巧的长音,她也仍然能保持力度和清晰度,让人不用看唱词,也能听清楚每个字句。

20世纪四五十年代的戏都是幕表戏,只有提纲没有具体台词,配曲也不固定,内容全靠演员凭借生活中的积累临场发挥,编出符合角色的台词,再通过唱腔表演出来。纪招治开玩笑说:"就算骂人也要想出哪些话来和人家对骂,想不出来就骂输了,再也没的演了。"邵江海着力改变幕表戏制,开始编写剧本,建立了剧本演出的规范机制。他创作整理的《六月雪》《陈三五娘》《白扇记》《李妙惠》《安安寻母》等三十多个剧本至今仍广为流传,众口吟唱,其丰富的音乐感染力、独具魅力的语言表现力,深深地影响了一代人。

在剧团里,除了演唱技术的不断提升,纪招治还收获了一段姻缘:剧团里的编导陈德根与纪招治,结成了百年之好。他曾经是邵江海的弟子,跟随师父很多年,留心抄写了很多邵江海的戏文,这些戏文是纪招治学习邵江海作品的珍贵资料。为了支持纪招治的事业,陈德根特意手抄了很多剧本供她学习。夫妻俩协力同心、珠联璧合。

20世纪五六十年代开始,邵江海、陈德根、刘木根等一批艺人开始了现代戏的创作,移植各种地方题材的内容,比如开荒的时候演的《垦荒记》,描写渔民生活的《浯屿岛》,围绕东海战役创作的《东海最前线》,描写农民生活的《碧水赞》,还有《荔枝换蟠桃》《红色宣传员》《芗江早晨》等。邵江海创作的作品生活气息浓厚,旧时候深入底层的生活经历给了他很大的创作灵感,歌曲的内容贴近百姓生活,反映真实的人物心理,给观众留下了深刻的印象。他还写有《开销歌》《抗日歌》《钞票歌》《做戏歌》《洞房歌》等歌曲,来反映民间生活的方方面面。比如他在《钞票歌》中写道:"钞票钞票,你没头没手会叫会笑,多少人为你颠倒浮沉。"《抗日歌》从正月唱到十月,叙述了日本侵略者在闽南的条条罪状,号召百姓要齐心协力抗日到底。现在一些九十岁的老人家仍记得邵江海的歌,清楚记得每一句要怎么唱。

唱作俱佳的歌仔戏苦旦

20世纪50年代到60年代中期，是纪招治最辉煌的时期。纪招治在《安安认母》中饰演庞氏，从此一鸣惊人，脱颖而出，不仅实现了从艺生涯的飞跃，形成了鲜明的个人风格，还在各种比赛中斩获了许多奖项，这部剧也因此成为剧团的保留剧目。也正是从这部剧开始，纪招治和邵江海开始强强联手。她在邵江海诸多的剧目中饰演主角，已然成为台柱，《三家福》中饰演施泮嫂、《雪梅教子》中饰演雪梅、《山伯英台》中饰演英台、《白蛇传》中饰演白素贞……纪招治渐渐成为唱作俱佳的歌仔戏苦旦。她擅长的是以哭调为主的长唱腔，将闽南民间广大女性内心脆弱忧伤的情感表达得淋漓尽致。她坚持用本声演唱，不用假声，为的是把苦情的感觉表达到位。往往她在演唱的时候，台上唱台下哭。她用感人至深的唱腔感动着一代代的闽南人。

纪招治说自己能有今天的成绩，离不开歌仔戏宗师邵江海的指导。在几十年的从艺生涯中，她把邵江海的剧本内容和唱法精髓全部继承下来，是目前唯一一位保存邵江海的文字与音乐全貌的人。时至今日，她十几岁时学的戏仍可以从头到尾一

《白蛇传》剧照，纪招治饰演白素贞

句不差地唱下来。

戏台有限,创造无限,歌仔戏是一个比较自由的剧种,字的长短、归韵都会有变化,演唱时有很大的随意性,纪招治在唱腔中会融入自己的创新。她会根据唱段和押韵,合理巧妙地创腔和创调,再通过音色的转换、节奏速度的变化,将人物感情恰到好处地表演出来,富有强烈的艺术感染力。

成了主要演员后,纪招治还是朴实如初。她常常自己背着行李,步行到偏僻的村社里进行慰问演出,演出期间一点儿没有主角的架子,和农民

《三家福》剧照,纪招治饰演施泮嫂

同吃同住,一起生活。以前总是说主要演员如果四处去唱歌就会掉价,降低影响力和权威度,纪招治不这么认为,她总是四处唱歌,唱邵江海以前的老歌旧曲。有的时候不但没有报酬还要自付车费倒贴钱给大家表演,即使是这样纪招治依然十分投入。纪招治感叹,现在早没有人唱这样的歌了,她想把她学到的东西通过唱词和情绪表达出来,分享给大家。把邵江海师父的东西流传下去,这是她坚持的原因所在。

虽然这个行业很艰苦,但纪招治很热爱自己的职业,也非常敬业,她总是说"我们这些做戏的,有死没病",就是说唱戏比命还重要,只有死了才能不做。1953年,纪招治在石码坐月子,生完孩子仅十七天,就应观众要求出来演《白蛇传》。1955年,纪招治在海澄演出,观众特别想看,甘愿等待数小时也要听到她的戏,她硬是又加演了两场。过去没有空调,她就住在石码的竹棚房子里,演《三请樊梨

花》时，刀枪舞完，三擒三放演完，纪招治几近昏倒，她坚持走到幕布后面倒了下去，之后也只是去医院看了一下，第二天继续坚持演出。纪招治的敬业精神和舞台素质，加上优质的声音条件，赢得了观众的尊重和认可。20世纪80年代，纪招治的名字可以说是家喻户晓，直到现在还有老戏迷一眼就可以认出她，极力称赞她的表演。

坚守歌仔戏传承，促进两岸交流

时光荏苒，舞台上的韶光一闪即逝。纪招治把歌仔戏当作自己的命，她说："人生最幸福的事，就是每天都能唱歌仔戏。我会坚持唱歌仔戏，直到自己唱不动为止。"1983年，退休后的纪招治时常在闽南各地教唱歌仔戏，尽管舟车劳顿，但她却甘之如饴。为海沧新安剧团排戏，在美仁宫业余剧团当导演，为福建省歌仔戏青年演员比赛担任顾问，在厦门市戏曲班和艺术学校教戏，还受邀到新加坡福建公会进

2005年，纪招治与厦门市台湾艺术研究院曾学文院长研究邵江海剧本

行歌仔戏教学。她教专业的歌仔戏演员,也教业余爱好者。退休后的纪招治丝毫未受年龄的影响,教起课来依然精力充沛。她所教的学生如庄必芳、曾宝珠,都已成才扬名,大多是歌仔戏界的翘楚。纪招治说:"作为歌仔戏的传承人,我感觉非常幸运,在歌仔戏唱腔方面,我很坚定、很坚持。希望年轻的一代能够汲取精华加以创新,基本功和表演方面的功底可以更加扎实,比我更有信心、更加坚定。"纪招治参与编校了《邵江海歌仔戏剧本精选》《邵江海念歌选》《纪招治歌仔戏唱腔选》等作品,保存、记录了大量的歌仔戏剧目,不遗余力地为歌仔戏的传承、发展做贡献,为学生和徒弟树立榜样。

1990年,纪招治开始进行两岸的歌仔戏交流。虽然年近花甲,但她坚持出席海峡两岸歌仔戏艺术节、歌仔戏发展交流会、海峡两岸民间艺术节等活动,与台湾的歌仔戏表演艺术家联袂献艺,多次令宝岛观众惊艳。多年来,在众多歌仔戏创作论坛和研讨会上也能看到她活跃的身影。

歌仔戏国家级代表性传承人纪招治,是歌仔戏的"活字典",她将邵江海老师的

纪招治(右)与中国台湾歌仔戏表演艺术家廖琼枝(左)在台湾同台献艺后谢幕

剧本完整清晰地记忆至今,这是一个传奇;她深谙杂碎调的叠字音韵,八十多岁高龄,依旧能将歌仔戏曲调信手拈来,这也是一个传奇;她一生痴爱歌仔戏,至今仍然能够演唱并坚持在传承教学第一线,这更是一个传奇。

苦难,往往比幸福给人更多

刻苦、顽强、坚定,这些品德是苦难给纪招治最重要的礼物

有尊严地面对苦难,才能平静地面对成功与幸福

幸运眷顾勇者,苦难成就传奇

天地进化论：

文道华与彝族撮泰吉

邢超

文道华

文道华(1948—),彝族,贵州威宁人,国家级非物质文化遗产代表性项目彝族撮泰吉代表性传承人。文道华从20世纪70年代末开始跟随父亲文正洪传承撮泰吉,主演山神惹嘎阿布,传承了祖辈的古彝语祝语。他表演的撮泰吉曾于2002年获毕节地区首届民族文化博览会一等奖,并参加了中国贵州彝族年会暨彝族文化节(六盘水)、国际杜鹃花节(大方县)、贵州省首届非物质文化遗产汇报演出等活动。

从深山走来

从远古走来

从人类最初的记忆走来

从蒙昧到野蛮

从野蛮到文明

看似滑稽幽默

内容古老神秘

人类的演变都在戏里

彝族撮泰吉,戏剧的活化石

　　海拔两千八百多米的芦虹山区,山高箐密,层峦起伏,几个上着蓝色布衣、下穿黑色大裤脚、脸戴木质面具、头顶尖帽、手拿竹竿的表演者,迈着跳跃的步伐,跟着白胡子山神围圈而动,嘴里念诵着古老的语言,一旁是山神的坐骑"九角兽"和一头未驯化的水牛……

　　这是一种原始古老的戏剧艺术:撮泰吉。

撮泰吉表演

　　撮泰吉系贵州省威宁彝族回族苗族自治县板底乡彝语的音译,也译为撮衬姐、撮寸几、撮屯姐、撮特基等。撮屯姐比较接近彝语的发音,而现在用的名称撮泰吉,是考虑到字面比较吉利。在彝语中,"撮"意为人或鬼,"泰"意为变化,"吉"意为玩耍游戏,因此撮泰吉意思是人类变化的游戏,也就是变人戏。

　　据民俗学家研究,撮泰吉产生于东汉中晚期,当时是一种祭祀祖先、祝愿来年平安、丰收的仪式,成型于唐代,后来经过不断的演变,到清代中叶,就成了今天这个样子。它是由祭祀仪式逐渐演变为戏剧的。

　　《西南彝志·创世志·天地进化论》记载:"古时的人类,人与兽相随,人的模样像猿猴,吃的是野果,穿的是树叶。"四川凉山彝文古籍《勒俄特依》也描述了古时人类的特征:"古时的人类,形状虽像人,但叫声似猴音,树叶当衣穿,野果当饭吃,有眼不看路。"《查姆》是彝族讲述万事万物起源的一部创世史诗,它把史前人类的发展分为"拉爹"(独眼人)、"拉拖"(直眼人)、"拉文"(横眼人)三个时代,用大量的篇幅反映了前两个时代向第三个时代的过渡,展现了一幅史前社会发展的历史画卷。恩格斯在《家庭、私有制和国家的起源》中,肯定了人类学家路易斯·亨利·摩尔根的观点,即把人类史前史的发展分为蒙昧时代、野蛮时代和文明时代。参照上述分类,根据彝文古籍《查姆》的记载,我们可以认为,名叫"拉爹"的独眼人代表人类的蒙昧时代,名叫"拉拖"的直眼人代表人类的野蛮时代,名叫"拉文"的横眼人则代表人类开始跨入文明时代。《查姆》《物始纪略·撮泰的蓑衣草》《西南彝志·撮泰扛粑》《实妁糯摩赠（实妁做猴斋）》等彝文古籍对古人类的描写,和撮泰吉刻画"撮泰"的形象是完全一致的。结合彝文古籍记载和撮泰吉表演来看,撮泰吉所表现的应该是人

彝族撮泰吉传承人文道华

类从树上下到地面,正练习直立行走时期的生活,也就是从直眼人向横眼人过渡的阶段。作为人类发展初级阶段生活的艺术表现,撮泰吉为我们研究人类史前史提供了宝贵的资料。

2006年5月20日,彝族撮泰吉列入首批国家级非物质文化遗产代表性项目名录,而文道华就是其代表性传承人。

从毕摩世家里走出的传承者

文道华出生于1948年7月,威宁彝族回族苗族自治县板底乡农民。只有小学五六年级文化水平的文道华,十二岁就开始随父亲学习撮泰吉表演。他说:"撮泰吉在我们村是祖传的,父传子,因我是家中独子,所以就当之无愧地成为唯一的传承人。"他的父亲文正洪是当地小有名气的毕摩(祭司),善演撮泰吉,其家族上溯五代俱是毕摩,撮泰吉的技艺就是这样一代代地传下来的。文道华老人回忆说:"我家曾有一个折叠式的小抄本,记录有撮泰吉的内容和上溯十代表演撮泰吉艺人的名字。"以此推算,板底乡撮泰吉的历史当在两百年以上。文道华家祖辈都参加过撮泰吉的演出,而且都主演惹嘎阿布(山神)。他说,从前跟随父亲学习撮泰吉表演,从表演的动作到嘴里的唱词,都要一板一眼,甚是规范。表演撮泰吉是以《"撮泰吉"的发源》一书作为依据的,书全以彝文书写,还配有图画,因此文道华也认识了许多彝文。

说起当初随父亲学艺时的点滴趣事,文道华记忆犹新。他说:"当时出演阿达摩的高朝方,在耕种劳作间歇休息时,有一个背着娃娃扭胯揉胸的动作,他做了好久都做不像,没有'女人味',无奈,请正逢哺乳期的农妇做了几遍给他看,在旁人的指点下才逐步形象逼真。"文道华刚开始学祝语时,因祝语太多太长,常常会颠三倒四,混淆章节,把扫火星时的祝语用在播种上,把驯兽祝语用在庆丰收上,为此,受了父亲不少的责罚。但天生倔强的文道华,身体里总有那么一股劲儿,越是做不好

小知识

撮泰吉面具是在表演中演员用佩戴的面具来表现自己扮演的角色。演员共有十三人,六人扮人物,三人扮狮子,二人扮牛,二人敲锣打钹。六个人物是:山林老人(或山神)惹嘎阿布,做巫师装扮,不戴面具;阿布摩,彝族老爷爷,一千七百岁,戴白胡须面具;阿达姆,彝族老奶奶,一千五百岁,戴无须面具;麻洪摩,苗族老人,一千二百岁,戴黑胡须面具;嘿布,汉族老人,一千岁,戴兔唇面具;阿安,阿布摩和阿达姆之子,戴无须面具。据说原来戏中并无阿安出场,演出时用一个布包代替,后来才加入了阿安这一角色,因为戏演了这么多年,他也该长大了。

的事情,他就越要做好,于是除去干农活的时间,他把全部精力放在钻研撮泰吉上,认真练习和推敲每一个动作,记忆和品读每一句唱词,正是这份对技艺的执着与坚守成就了日后的文道华。

表演撮泰吉还有一门必修技艺,就是制作撮泰吉面具。文道华说,撮泰吉面具用大红花树(大杜鹃)、漆树、青枫树等质地坚硬的杂木制作,用斧头在尺余长、直径为五六寸的圆木上砍出毛坯,然后用小刀刻出立眉、竖眼,再穿些小洞,挂上表示胡子的黑毛或白毛就做成了。面具通常长约一尺,演出时用黑墨水或锅烟墨涂黑,再用石灰及粉笔在额头和脸部勾出各种线条,黑白相间。面具前额突起,鼻子直长,以明显的猿猴相勾勒出先民的形象,有一种原始的古朴。面具没有眼珠和牙齿,只在相应的部位剜出孔穴以表示眼睛和嘴巴。眼睛透过面具的空洞,似乎能穿透千年的岁月,人与神、生与死都变得模糊。单纯、稚拙、憨直、怪诞是撮泰吉面具的总体风格。这种面具不分男女老少,只用有无胡子来表示年龄或性别。不仅是面具,就连表演时所需要的服装道具也都是文道华亲自制作。老人说:"所需道具都是我自己一针一线弄的。面具是我自己来做,牛啊,衣服,裤子,牛打脚,帽子,也都是自己做的。差什么,缺什么,都要自己去做。"

表演撮泰吉时所用的面具

千锤百炼方能为民祈福

撮泰吉一般在每年农历正月初三到十五演出,旨在驱邪祟、迎吉祥、祈丰收。演出多在夜晚进行,地点通常选择村旁山间的一块平地。表演主要分为祭祀、耕作、喜庆、扫寨四个部分,其中耕作是全戏的核心,主要反映彝族迁徙、农耕、繁衍的历史。农历正月十五的扫寨即扫火星活动,将整个撮泰吉演出推向高潮,表演者走村串寨,"扫除"灾难和瘟疫,祝愿人畜兴旺、五谷丰登。因此,每到一家,他们都要坐在火塘边念一段吉祥祝词,并向主人索要鸡蛋和一束麻,走时再从柴房四角扯一把草,之后来到寨边路口,把三个鸡蛋埋入土中,点燃茅草,将其余鸡蛋煮熟分食,口中念"火星走了,火星走了"。经常有人问,撮泰吉表演之后,是不是真的就风调雨顺了。文道华总是微笑着回答道:"那是肯定的!火星扫完了,粮食丰收了,人畜兴旺了。"

小时候,每到逢年过节,或者老人去世,文道华都要跟随父辈到处表演。文道华所在的寨子年年春节都要演撮泰吉,有时寨子里会跳的人还会被邀请到周边村

寨演出。耳濡目染,时间长了,他也学会了一些动作。演了一辈子撮泰吉的文道
华老人说:"那时我们寨子年年春节都要演。大人演出到哪里,我们一帮小娃娃就
跟到哪里凑热闹。那些动作,寨子上差不多的人都会。父亲传给我的主要是祝
语。祝语相当于撮泰吉世袭的秘籍,不传外人的。"但真要学会祝语,却并非易事,
因为祝语中的古彝语与现代彝语差异很大,不下苦功夫是学不会的。怀着对撮泰
吉的一片热爱之心,文道华除了农务劳作外,其余时间便是学习,背诵祝语,时常
通宵达旦。

　　当被问及撮泰吉里除了祝语,什么是最有难度的,老人沉思了片刻说:"跳是最
难的,撮泰吉里跳是很累人很折磨人的。通常在前面甩棍子的那个要甩得虎虎生
风。跳的那个也是要手脚趴地,仰天张口,汉语叫狮子笑天、狮子滚绣球、狮子扑。"
这些动作都要经过反复练习才能达到要求,一个悟性比较高的人,也要一年左右才
能掌握。

　　此外,唱腔也是很难掌握的,文道华说,现在他们寨子里也没有几个人懂了。

撮泰吉表演中的各人物

一直以来，文道华演的角色都是惹嘎阿布，这是全剧的核心人物，也是自然与智慧的化身。其他人物如嘿布、阿布摩、麻洪摩、阿达摩等，都是千岁老人，头戴尖帽，立眉，竖眼，手举竹杖，做出挖土、赶牲口的动作，嘴里不停地发出低沉的叫声，演绎着几千年前祖先农耕劳作的情景。

将"彝之源"代代传承下去

早年和文道华一起表演撮泰吉，扮演阿布摩的高湖芬、扮演阿达摩的周德光、扮演麻洪摩的文富宽、扮演阿安的文有兴等，都找到了自己的传人。如今，年逾古稀的文道华把惹嘎阿布这个角色传给了儿子文斌。文道华介绍，撮泰吉一般传给最聪明的儿子。文斌回忆说："在我很小的时候，就经常被爸爸带着一起去旁观撮泰吉，他们在表演，我在旁边看，那时候我就很想和他们一起表演。我在七八岁的时候就开始扮演小孩，后来又牵实则（神牛），扮演实则等，一直跟着他，适合什么就演什么。小时候和爸爸一起睡，爸爸经常说惹嘎阿布这个角色的台词，我就把它记下了。他教导我，但一直都没让我扮演惹嘎阿布，常常说我年纪还小，演不了惹嘎阿布，等学得差不多时才会让我来演。"2014年，文道华认为时机成熟了，儿子外出打工回来后，父子俩认认真真地谈了一次。一夜的促膝长谈，让老人看到了文斌学艺的决心，于是决定将所有的撮泰吉技艺全都传授给他，并鼓励他一定要认真地学好，把它传承下去。正是这一年，文斌正式开始接过了惹嘎阿布这个角色。这些年来，经过父亲的精心调教，他的表演也日趋成熟，并有了自己的表演团队。

如今文斌正值壮年，逢年过节就带着团队表演撮泰吉，算是继承了父亲的衣钵，这让老人倍感欣慰。文道华说："撮泰吉当时还未被列入国家级非物质文化遗产代表性项目名录，也不知道它有多大的意义，当时的想法很简单，只是想到老祖宗传给自己的东西，无论如何都要想办法传下去，绝不能在我手中失传而成为千古罪人。"

　　板底乡有许多热爱撮泰吉的年轻人，都曾向文道华拜师学艺，比如板底乡板底社区的罗晓云、罗高云等。罗晓云是文道华的外甥，曾多次恳求舅舅将技艺传给自己。他的学艺诚心最终打动了文道华，遂答应教他学艺。初学时，文道华传授的是祝语。罗晓云是大专生，文化修养较高，想法也比较多，他采用文字记录、录音等方法辅助学习，但就是这样学起来也十分吃力，要记熟整套祝词，并不容易。

　　对于传承，文道华的观念如今已经有了大转变，他毫无保留，很想将这门技艺更深更广地传承下去。他说："过去是传内不传外、传男不传女，现在是时候把它传到外头去了。他们跳得好，我欢喜，除此没有别的心愿了。"质朴的话语让人们感受到文道华对这门技艺的挚爱。撮泰吉是他一生的追求，也是他难以割舍的情怀，他不仅希望这门技艺能一代代传承下去，更寄望于年轻人把它带向更远的地方，让更多的人感受到这门古老艺术的魅力与激情。在传承教学中，他不仅把撮泰吉的整套祝语毫无保留地传给热爱它的年轻人，还向他们传授了面具、狮子等道具的制作

文道华在教授弟子

技艺,手把手地教授并打磨每一个细节。口传心授的教学倾注了文道华对这门技艺一生的热爱与理解,他乐此不疲地重复着每一个动作,不知疲倦,仿佛这就是他的使命,也是对这门技艺最本真的敬畏!如今,学习表演撮泰吉已经成为板底小学民族文化进校园活动的一部分。年岁渐长,文道华除了教孩子们撮泰吉表演,闲时还喜欢看看《六祖家书》等书籍,他希望民族文化的种子代代相传,成为乌蒙大山深处最耀眼的名片。

古老的撮泰吉享誉海内外

20世纪80年代初期,撮泰吉被发现挖掘以来,至今已有四十余年。其间,关于撮泰吉的各种研究成果颇多,内容丰富,可谓"百花齐放、百家争鸣"。2002年,撮泰吉获毕节地区首届民族文化博览会一等奖;2004年5月,撮泰吉参加在六盘水举办的中国贵州彝族年会暨彝族文化节的演出;2005年4月,撮泰吉参加由大方县举办的国际杜鹃花节的演出;2006年5月20日,撮泰吉列入首批国家级非物质文化遗产代表性项目名录;2006年6月,表演团队受邀参加贵州省首届非物质文化遗产汇报演出。2017年2月11日,毕节彝族古剧《撮泰吉》赴法文化交流团参加了著名的尼斯狂欢节开幕式及花车大巡游,作为中国唯一被邀请的文化交流团队,赢得了广大观众的阵阵掌声和一致好评。

2012年,《贵州省非物质文化遗产保护条例》出台,条例明确规定,遵循国家对非物质文化遗产,"实行保护为主、抢救第一、合理利用、传承发展的方针,坚持真实性和整体性的原则",为撮泰吉的科学传承与发展进一步指明了方向。以近十年从民间搜集的文稿、录音和录像资料为基础,威宁文化和民宗部门整理的一部关于撮泰吉的研究专著即将出版,县里相关部门还拿出专门资金对传承人和有兴趣的人进行培训,同时成立了民族艺术团,对外传播彝族文化。

撮泰吉被誉为"人类的祖宗戏"——"人之初,戏之始,彝之源"。中国戏剧家曹

撮泰吉表演

禹先生说，撮泰吉是戏剧活化石。今天，撮泰吉以其独特的艺术形式、顽强的生命力，正从威宁自治县板底乡走向各地彝族村寨，走向全国，走向世界。

当划破天际的唱腔再次响起，戴上面具，恍惚中穿越千年，文道华期待着，撮泰吉能够像家门口的荞麦一样坚韧绵长，生生不息。

古戏守望人：

张月福与德江傩堂戏

邢超

张月福

　　张月福（1950— ），土家族，贵州德江人，国家级非物质文化遗产代表性项目傩戏（德江傩堂戏）代表性传承人。张月福十四岁拜师学艺，先后拜十三人学习傩祭仪式、傩法事、傩歌傩舞、傩戏、傩技神功等，全面掌握了德江傩堂戏的全部表演技艺，是茅山道教黑虎玄坛的第三十九代传人。他曾多次参加各类傩戏演出，其表演在国内外均受到好评，为德江傩堂戏的传承、宣传、资料采集工作做出了积极贡献。在从事傩戏表演的五十多个春秋里，张月福先后授徒三十余人。

一间傩堂

一副面具

一句哼唱

一套舞步

千年腔调穿古越今

讲述着古老的故事

故事当中

是人与神祇的秘语

故事后面

是福祸相依的预言

中国傩戏在贵州，贵州傩戏在德江

厅堂内正后方摆放神案，上挂《三清图》，桌供傩公傩母，法师头戴面具，身着红衣青裤，脚踏麻鞋，手持法鞭，走丁字步、品字步，转、滚、翻、跃，口中念念有词……气氛显得异常神秘，犹入梦境，恍若隔世……这一古老而神秘的戏剧艺术正是德江傩堂戏，而这一技艺的表演者正是国家级非物质文化遗产代表性项目傩戏（德江傩堂戏）代表性传承人张月福。

傩戏，中国戏曲剧种，是在民间祭祀仪式基础上吸取民间歌舞、戏剧而形成的一种戏曲形式，是中国最古老的戏曲文化之一。

张月福的德江傩堂戏表演

小知识

方相氏是旧时民间普遍信仰的神祇，为驱疫避邪的神，是《周礼》中夏官司马的下属，最高官阶为下大夫。掌蒙熊皮、黄金四目、玄衣朱裳、执戈扬盾为国驱疫。

傩戏起源于商周时期的方相氏祭祀活动，汉代以后，逐渐发展成为具有浓厚娱人色彩和戏乐成分的礼仪祀典。大约在宋代前后，傩仪由于受到民间歌舞、戏剧的影响，开始演变为旨在酬神还愿的傩戏，是一种佩戴面具演出的宗教祭祀戏剧，也是一种古老的民族民间风俗文化活动，有独特的审美价值和意蕴。

世界傩戏在中国，中国傩戏在贵州，贵州傩戏在德江。德江县地处古巴楚边缘，深受荆楚、巴蜀文化的影响。由于地理位置、建制沿革、民族习俗等诸多因素的影响，傩堂戏在这片沃土上分布极广。据中央民族大学民俗文化研究中心主任陶立璠统计，德江县三十一个乡共有傩堂戏班子六十一坛，表演者三百多人。有的乡傩班遍及各村，群众基础深厚。据土老师

德江县傩戏面具展示墙

（傩仪中的祭祀主持人，又叫师公、弟子、傩仪师等）张金辽保存的"司坛图"，德江傩堂戏已传承二十六代。如果用民俗学系谱推定法，按二十五年一代推算，约有六百多年历史。也就是说至少在明代初期，德江便有了傩戏。据明嘉靖《贵州通志》载："除夕逐除，俗于是夕具牲礼，扎草舡，列纸马，陈火炬，家长督之，遍各房室驱呼怒吼，如斥遣状，谓之驱鬼，即古傩意也。"

拜师苦修，博采众长

张月福出生于德江的一个傩戏世家。祖孙三代均为傩法师，他从小受到熏陶，得到祖父秘传傩艺，从那时起傩堂戏即在其脑海里打上了深深的烙印。他刻苦认真、勤奋好学，与祖父、父亲同台演出，表现出极高的天赋与灵气，这也使他更坚定了拜师学艺的信心和决心。张月福想拜当时德高望重的名傩艺师张羽朋先生为师，更系统全面地学习傩艺，但起初

"傩戏世家"牌匾

并不顺利，老先生并没有答应他。这个年轻的后生没有放弃，而是每天都去先生家中，帮先生挑水、劈柴……就这样，过了半月有余，老先生看在眼里，慢慢地被他的诚心打动，觉得这孩子有毅力，而且是真心喜欢这门技艺，于是决定传道于他。此外，张月福还拜手艺高超、名气很大、绝技神奇的青龙镇银丝村赵开扬（法名赵法胜）为师，长住师父家中，除了干农活外，其余时间便是学习法事，背诵经书，时常通宵达旦。师父每一次傩戏演出，张月福总是仔细观察、虚心请教。师父的指引加上

本人的努力,二十五岁时,他便已开坛任掌坛师。

　　张月福学艺时还有个习惯,就是喜欢到处去学习观摩,只要说哪里有傩戏表演就跑去看,然后去模仿,博采众家之长。他说:"比较好一点儿的,我就借鉴过来,在回家的路上,我就学他这个动作,哪样做得比较好。回家以后,在坛位前再学一下他这个动作","但是在傩艺的有些方面还是要严格恪守传统的,例如唱跳和开坛仪式等,这些还是要根据赵开扬先生(传授的技艺),要以他说的为准,不敢更改。"张月福对师父说的每一件事情,都喜欢问缘由,细求甚解,不放过每一丝疑惑,这可能也正是张月福日后成名的缘故。

　　傩戏的演出形式与其他戏曲不同,它与冲傩等宗教活动融为一体,伴以锣鼓,俗称"跳傩"。傩戏的演出一般分为三个阶段:开坛、开洞、闭坛。开坛和闭坛是迎神送神的法事,打开洞门后就演出傩戏剧目。在举行傩事活动前,作为掌坛师的张月福要带领弟子们精心布置傩堂(傩坛),所以傩堂戏又被称为傩坛戏。傩堂是进行傩事活动的主要场所,设在主家的堂屋内。傩坛的材料以青竹为主,搭建傩堂是

表演德江傩堂戏的傩堂

德江傩堂戏面具

每个掌坛师必须掌握的技能,从师父那里学来的手艺在几十年岁月的积淀下,早已驾轻就熟,对每个细节都烂熟于心的他,却又极其认真仔细,没有一丝懈怠,每次傩事之后还要把带走厄运的傩坛烧掉,所以每次搭建的傩坛都是全新的。傩坛布置十分精致,集编扎、剪纸、染印、绘画、书法、建筑为一体,具有极高的艺术价值。一般傩堂布置需花三五天时间才能完成。若主家要行大法事(七到十二天),傩堂布置就更加复杂了。傩堂正中的竹席是傩事活动的主要场地,天罡八卦图不能走出竹席之外。整个傩堂全部布置完毕后,让人一见深感肃然。

　　傩戏以面具为艺术造型的重要手段,内容多与宗教鬼神有关。傩面具以杨柳木、桃木等为原材料,制坯是雕刻面具工作的开始,面具雕刻分粗雕和细雕两道工序。粗雕是按照坯料所描的人物五官及头饰的位置,雕成立体图形,以确定各部位的大小和具体形象。细雕是对各部位精雕细刻,有浅浮雕、深浮雕和镂空等技法。刀法有凿、镂、剔、剜、划、挑、戳、刻、铲、钻、拓、削等。面具被雕刻好以后,先用粗砂纸打磨,再用细砂纸打磨各细致部位。新雕成的面具要刷上底灰,既能防止油漆浸入木料中,又能增加色彩的鲜艳度。各工序均为手工完成。简单的面具一天能做一张,复杂的需要两天。傩戏面具人物有唐氏太婆、尖角将军、关圣帝君、九州和尚、开山将军、梁山土地、秦童等二十四个，每一张面具背后，都有一段传奇的故事。面具或写实，或抽象。粗犷狰狞的面具，不仅用来驱鬼避邪，而且具有祈福佑吉、除病灭灾、镇宅求子、兴旺家业的作用。傩戏表演者，按角色——一末、二净、三生、四旦、五丑、六外、七贴旦、八小生——戴彩绘面具，俗称"脸子"。过去傩戏面具多由本傩坛的"雕法师"刻制，如本傩坛没有雕法师，则需向民间艺人购买，或由善男信女捐赠，也有一些面具是从亡故的师父那里继承的。面具平时锁在桃园三洞中，演出前由唐氏太婆和尖角将军开洞——用钥匙打开桃园三洞的锁，请出锁在洞中的二十四张面具。

傩堂戏粗犷活泼，娱神娱人，法与戏有机结合。凡戴上面具，扮演正神表演的舞蹈，被称为傩舞，主要有龙摆尾、横跳步、旋子等数十种步法，同时吸收了大量的其他舞蹈动作，丰富表演技巧。傩戏的全程贯穿着傩舞的表演。傩舞表演极其讲究，以九州舞步为主，即跳九州。在古人看来，九州代表整个世界，跳九州是傩艺师们试图以特殊的舞步调动宇宙的力量。傩舞常用大小八字步、丁字步等，舞步迅速多变，惯用腾跃、旋转等技巧性动作。傩艺师脚踩阴阳八卦，手随舞而动。手诀①也是无声的语言和丰富的舞蹈词汇。傩艺师的手诀丰富，有两百余种之多。张月福的手诀一般有勾、按、屈、翻等，有不少类似拳术和戏曲动作。张月福的唱腔、舞步、手诀等都融合了民族和地方特色，他随唱随舞，转换由心。他回忆当年学艺的时候，经常是一边锄草一边脑子里还想着傩舞动作，不知不觉就会在草坪上练习一段儿。张月福说："要学成这一项技艺非常不简单。你出去锄草要练这个，你练的时间长了，一看没有时间了，要回去了。第二天，又去锄草，锄着锄着在草坪上又开始练起来，一天也锄不了多少。"

---

① 手诀：手法诀窍。手诀作为道法的基础组成之一，是促成法术"应验"不可分割的一部分。

炉火纯青,戏比天大

傩堂戏历来是通宵达旦演出的,戏与法视情节需要穿插出现,常根据主人家和观众的情绪来确定串戏的起讫,如果主人家高兴,观众情绪好,演员就可以在"条纲"之内即兴发挥。傩堂戏以锣鼓伴奏,没有管弦乐,节奏明快,剧情幽默风趣,富于古老而浓郁的神秘色彩,且都用方言唱出来,通俗易懂,很受当地民众的喜爱。现代著名作家沈从文先生在小说《神巫之爱》中,就对湘西一带傩堂戏的演出有过十分传神的描写:

> 他(指神巫)头缠红巾,双眉向上直竖。脸颊眉心抹了一点鸡血,红缎绣花衣服上加有朱绘龙虎黄纸符篆。手执铜刀和镂银牛角。一上场便在场坪中央有节拍的跳舞着,还用呜咽的调子念唱着娱神歌曲。
>
> 他双脚不鞋不袜,预备回头赤足踹上烧得通红的钢犁。那健全的脚,那结实的腿,那活泼的又显露完美的腰身转折的姿式,使一切男人羡慕,一切女人倾倒。那在鼓声蓬蓬下拍动的铜叉上圈儿的声音,与牛角呜呜喇喇的声音,使人相信神巫的周围与本身,全是精灵所在。

傩戏有二十四出古老剧目,如《天仙送子》《白旗先锋》《八仙图》《万花楼》《二度梅》《刘海砍樵》《白望送娘》《开山砍五路财》等,表演动作夸张豪放,变化性强,旋转幅度大,唱腔质朴,语言诙谐,音乐独特,内容丰富,具有原生性。傩戏还有许多神功绝技,如开红山、上刀梯、下火海、抓油锅、杀铧、定鸡等,表演时总是让人惊心动魄、目眩神迷。很多绝活极具危险性,有些已随着老一辈傩艺师的逝世而失传。这些惊险的表演,对于张月福来说早已是家常便饭,多年走南闯北从未失手:烧得滚烫的油锅,半小时前放下的豆腐早已焦黑如炭,只见他口中念念有词,瞬时手入油

张月福表演傩堂戏绝技"上刀山"

锅，当你还在惊诧时，豆腐早已被他抓入盘中。傩戏法事一般是傩艺师们依据事主的需求而定，傩艺师们通过这些法事来证明自己技艺强大，为事主驱灾平难，祈福求吉。

从老辈传下来的戏本是张月福最珍贵的宝贝。他从房间里拿出十多本已经发黑的用麻线装订的戏本，小心翼翼地翻开其中一页，犹如翻开了傩戏的前世今生。他说："这个书当中，它可以讲出什么叫傩，为什么要唱傩戏，这些历史记载我们一定要记住。这些东西我都是一直把它保存在箱子里面锁上的，这比家谱还贵重。"

对待破旧的古老戏本尚且如此，傩戏在张月福心中的地位可想而知。"戏比天大"始终是老人心中恪守的准则。老人在数十年的傩戏生涯中也留下过深深的遗憾。最让他难忘和难过的是，1995年老母亲过世时，自己没能守在母亲身边尽孝。因为第二天是看好的日子，要给人家唱傩戏。"唱戏事大，不能耽误，否则就对不起请我们的人家。"说到这里，老人的声音哽咽了，眼里也泛起了泪花，忍不住背过身去擦拭。中国人自古重孝道，没能在母亲临终前看上最后一眼，可能是作为子女最大的遗憾了。我想老人的内心应该是一直无法释怀的，但在他钟爱一生的傩戏面前，他还是选择了傩戏，他是真的用行动为我们诠释了什么叫"戏比天大"。

把德江傩堂戏一辈辈传承下去

傩堂戏的传承主要是面传口授。经验老到的傩艺师普遍有较好的表演能力和惊人的记忆力。有些傩艺师即使一字不识,也能记下几万字的傩戏剧本。张月福的学历不高,但是只要一提到傩戏曲目,他便能一字不落地背诵出相应的剧本。这样的技能往往并非仰仗先天的潜能和禀赋,而是来自傩艺师们水滴石穿的坚持。张月福老人的师父赵开扬先生曾对他讲过一段话:"除了上厕所,拉屎拉尿不闹(琢磨技艺)了,其他的时间都可以闹。比如有的时候心里面还是在闹,只不过没有闹出口,心里还在默念这个事情。古人说过,曲不离口,拳不离手。"朴实到有点儿粗鄙的话语,却有着最深刻和真实的道理。一代代傩艺师对傩戏的热爱、坚守和执着,实在让人动容。

而今张月福已是古稀之年,最让他重视也最担忧的便是傩戏的传承。随着当地农村外出务工人员的不断增加,傩戏的传承也日渐艰难。他说:"傩戏一般是传给对傩戏感兴趣、真心想学、主动来找我们的人。而今,喜欢傩戏的人越来越少,传

张月福保存的傩戏老戏本

张月福在教授徒弟

承很困难。目前三百六十多个傩艺师中，年龄最大的八十岁，二十来岁的年轻人只有十个左右，大部分都在五十岁以上。"但凭着他对傩戏的痴迷与坚守，他一直倾尽全力去传承和发展傩戏。

在从事傩戏表演的五十多个春秋里，张月福先后授徒三十多人，学艺时间十二年以上的有十个，五年以上的有五个。他们都热衷傩戏、傩艺、傩技，勤学苦练，现在大多数已经掌握了傩戏的基本技艺。张月福也将毕生所学的傩技、傩舞、绝活等毫无保留地传授给了弟子们。让他颇感欣慰的是，自己的大儿子张春江和十五岁的孙子张傩洪在他的熏陶下也成了傩艺师。如今，张月福年事已高，有一些难度、强度较大的法事自然而然交到了儿孙手中。张月福说："我对弟子通常都是严格要求的，就像当年学艺时师父要求我那样要求他们。也只有这样，傩戏才能传承下去。"

古老的德江傩堂戏备受国内外瞩目

德江傩堂戏作为中国古老的文化，受到国内外专家学者的重视。戏剧大师曹禺把德江傩堂戏、傩面具与万里长城相媲美，认为"中国戏剧史应当重新改写"。中国傩戏研究会会长曲六乙先生称德江傩堂戏为"中国戏剧活化石"。

德江傩堂戏赴日演出

多年来，张月福为美国、韩国、日本及国内专家学者表演上傩堂百场，杀铧、定鸡、下油锅等深受称赞。2000年代表铜仁地区赴日本演出。2003年参加中国梵净山傩文化研讨会傩戏演出。2004年参加黄果树瀑布节天龙屯堡傩文化周活动。2006年2月，应邀赴日

小知识

奈良时代以前，傩从中国传入日本，每年的十二月祭都有追傩仪式，由神道教神社负责。日本每年除夕和立春会举办追傩式。至今，日本传统节日"节分"（每年二月三日），仍以追傩为主要内容。

本进行傩堂戏表演，获得专家、观众高度称赞；同年9月赴日本参加文化遗产日活动。他还曾被国家领导人接见，参与了省戏剧协会副主席高伦主编《贵州傩戏》一书的撰稿工作，也参与了《德江民舞集成》傩音乐、舞蹈、故事部分的采编工作。他收藏了历代傩坛法器四十余件，古籍科仪①、戏本六十余本，在传承、表演、资料采集方面做出了重要贡献。

德江傩堂戏具有历史学、民俗学、宗教学、戏剧学等多学科学术研究价值，对中国文化与世界文化的丰富和完善都具有重要意义。它与宗教仪式密不可分，在本

---

① 科仪：道教术语，指道教道场法事。

守望傩戏道具的张月福

质上是宗教祭祀的戏剧化和通俗化。它保存着戏剧最古老的传统,并清晰地表现出戏剧演变的历史脉络。它为中国戏剧史保留了一个完整的原生态标本。

"张月福——傩戏(德江傩堂戏)"项目是2016年国家级非物质文化遗产代表性传承人记录工作的优秀成果,并在"年华易老,技·忆永存——第二届国家级非物质文化遗产代表性传承人记录工作成果展映月"中进行了综述片的展映。虽然张月福当时没能来到国家图书馆的现场,但他的纪录片在放映中却感染了许多观众。

张月福注定与傩戏为伴,相依共存,继续守望着他钟爱一生的傩戏艺术。

粉墨一生，青春依旧：

王秀玲与曲剧

杨宵宵

 王秀玲

　　王秀玲（1935—　），河南郏县人，国家级非物质文化遗产代表性项目曲剧代表性传承人，国家一级演员。王秀玲自幼随父亲王俊卿学习曲剧表演，六岁登台，是曲剧第一代女演员。1949年至1955年在新生曲剧社工作，任演员。1956年结业于文化部戏曲演员讲习班，受教于梅兰芳、程砚秋等大师。1955年至1960年在郑州市曲剧团工作，任演员队队长。1960年至1993年在河南省曲剧团工作，任演员队队长。其唱腔清秀柔婉，吐字清晰，表演风格饱满，外观传神，代表作品有《风雪配》《红楼梦》等。

她是《红楼梦》里哀婉柔美的林妹妹

她是《风雪配》里娇柔文雅的高秋芳

她的唱腔清脆悦耳

她的表演魅力四射

她塑造了难忘的闺门旦形象

她开创了曲剧的王派艺术

她推动曲剧从土生土长的民间小戏

成为河南第二大剧种

她是舞台上永远的少女

她是观众心中最美的倩影

去哪演出，哪就是家

王秀玲出生在战乱年代，打记事起就随着父母东奔西跑，没有一个家。一个行李卷一捆就走，到地方一打开就是家。去哪儿演出，哪儿就是家。

王秀玲的父亲王俊卿是较早的一批曲剧演员，王秀玲从小就跟着父亲在外流浪演出，可以说父亲是她的启蒙老师。父亲唱一句，她学一句，儿时的口传身授，让王秀玲一生难忘。生动的教学，让她一颗小小的心对曲剧产生了浓浓的兴趣。

曲剧，是流行于河南的地方剧种，以前被称为高台曲或曲子戏，是老百姓茶余饭后的玩乐，哭哭闹闹、说说笑笑，唱生活乐事、哭世间悲苦。

王秀玲父亲所在的戏班是业余的，没有规范的表演系统，老一辈怎么唱，小一辈就怎么唱，一旦哪里有集会了，他们就去唱。那时候演出人员都是男人，没有女人，王秀玲父亲年轻时因长得俊俏清瘦，就演旦角。

王秀玲记得小时候父亲经常在戏班踩高跷，边踩边逗她玩儿。父亲不踩高跷的时候和几个朋友聚到一块儿，边弹三弦边唱。那时候都很穷，王秀玲觉得前辈们是发自内心喜爱曲剧这门艺术。

六岁登台就再也下不来了

战乱时期，剧场都是白天演戏。有一次，六岁的王秀玲在剧场看《抬花轿》，她边看边学，班主看这孩子怪好玩儿的，就让她上台演，还在剧场门口立块牌子，上面

少时的王秀玲

写着"六岁小坤伶登台演出"，一下子引来了不少观众。

王秀玲回忆说，当时班主让她演压轿女，还教她唱词，一听到有人问："丫鬟，叫你当个压轿女，你可情愿前去？"她就答道："奴婢情愿前去。"她在台下背了几遍，原本背熟了，可一上台就忘了，人家说"丫鬟，叫你当个压轿女，你可情愿前去？"稚嫩的小演员第一次登台，紧张得什么都不记得了，愣了半天，最终冒出一句"我愿去"！就这一句，引得观众阵阵喝彩，让首次演出获得了意想不到的效果。

小小年纪的王秀玲从这次上台之后，就再也下不来了。刚开始几年都是演小孩儿戏，凡是有小孩儿角色就有王秀玲。她每天跟着父亲东奔西跑，逐渐学了《七仙送子》《蓝桥会》《送香茶》《花庭会》几出戏。王秀玲颇有天赋，唱唱就会了，逐渐小有名气，到哪里都有人点她的戏。说是学戏，其实主要是玩儿，可玩儿得认真，模仿舞台上演员的一举一动，玩儿着玩儿着就玩儿到舞台上去了。

王秀玲回忆说，九岁那年在禹县演《牛郎织女》，她演牛郎，演完之后，门口摆小摊卖绸子的人觉得这孩子唱得好，撕下一块四方绸子，让她披上，旁边的人看了也为她喝彩，纷纷给她披红绸子，从此就被观众称为"九岁红"。

小有名气的王秀玲跟着父亲和戏班东奔西走。新中国成立前，王秀玲一家跟随戏班来到郑州老坟岗。当时的老坟岗是郑州最热闹的地方之一，说相声的，捏脚的，卖丸子的，卖胡辣汤的，卖豆沫麻糖的，一条街上满满当当。这里也是艺人、商贩们安身立命之地。后来由于战乱，很多人都走了，就剩下王秀玲一家三口还在郑州的和平剧院演出。父亲为了挣钱，外出寻找机会，没有钱坐火车，只好扒火车，有一次回来时不慎从火车上摔下，摔断了腿。家里没钱给父亲治病，为了家里的生计，十二岁的王秀玲只好跟着当地人去"逛街"——有一个说相声的艺人，人称"张傻子"，王秀玲就跟着他，端着一个碗边走边唱，讨要饭钱。

在西安崭露头角

1949年，十四岁的王秀玲被班主看中，进入新生曲剧社，成为社里唯一的女演员。那时的新生曲剧社表演剧目单一，再加之市场不景气，可谓举步维艰。社长李金波看了王秀玲出演的《临江驿》，认定她或许是可以让剧社脱离困境的人。

为了寻找出路，新生曲剧社转战西安，一去就是五年。当时王秀玲买不起车票，只好躲在火车的角落里，那是趟慢车，走一天一夜才到西安，王秀玲就躲了一天一夜，到西安下车时都不知道东西南北了。初到西安的日子，剧团就住在演出的人民剧场，条件艰苦，好在整个剧社就像一个大家庭，非常团结，一盆菜一起吃，有了钱大家花。

西安的演出市场好，观众多。那时候香玉剧社也在西安演出，常香玉经常来王秀玲的剧团看戏，当时常香玉已经是名演员了，看到戴个大口罩的常香玉出现在剧场，王秀玲和同伴激动极了，心想"常香玉来了！常香玉来了！她看我们的戏，她喜欢曲剧！"后来常香玉在排演《花木兰》《红娘》这些剧目的时候，加上了很多曲剧调门。曲社得到了艺术上的认可，王秀玲也建立了群众基础。多年后，王秀玲回到西安，老人们还都认识她。"你是不是王秀玲？""多少年你都不来了。""我们都不知道你在这儿演，要知道就去看你的戏了。"

不少身在西安的河南老乡逐渐对曲剧产生了兴趣，想跟着学，新学员的加入让剧团逐渐壮大起来，从原来的二十几人发展到五十几人。随着学员的增多，剧社又邀请了两位京剧老师参与教学。剧社逐渐形成规模，像大剧团一样集体训练，演出的行头逐渐齐全，剧目也逐渐增多，除了传统戏，如《梁祝》《风雪配》《花庭会》等，也排演新编戏，如《小女婿》《白毛女》等。

人山人海围观"宝黛"

1955年,新生曲剧社回到郑州,这时王秀玲二十岁。第二年,国家对全国的戏曲表演组织进行登记,郑州新生曲剧社顺利通过审查,改为国营剧团,更名为"郑州市曲剧团"。剧团成立后排演的第一部戏,就是由许寄秋和岳军编剧的曲剧《红楼梦》,这部戏不仅是对剧团的考验,也是对王秀玲的考验。在演《红楼梦》之前,王秀玲演的都是刀马旦、花旦、青衣,她发现自己没有演过这类角色,要重新活生生地创造一个新的角色,是不小的挑战。

为了演好《红楼梦》中林黛玉这个角色,当地文化局为剧团派来了一位文化教员,辅助演员学习《红楼梦》原著。识字不多的王秀玲很是刻苦,在文化教员和原文化局局长、曲剧《红楼梦》编剧许寄秋的帮助下,一点儿点儿学,最终把三本一套的《红楼梦》和两本一套的《石头记》全读了下来。王秀玲说:"看不懂也得看,只有看

1955年,曲剧《红楼梦》创作团队

明白原著，才能了解人物性格，知道人物内心，体会人物情感。作为演员，只有明白这些，才能把戏演好。"王秀玲看了剧本之后，脑海中出现了一个很小很美的小姑娘，从那时起，她开始看仕女图，她觉得画中的女子和黛玉有很多相似之处。王秀玲总结林黛玉的性格中有一种反抗精神，多愁善感中带着一点儿小性子，不会大笑，也不会叽叽喳喳，总是微笑，既天真又稳重。

排练时，为了更好地塑造林黛玉这个角色，王秀玲对唱腔和动作进行了改进。"花谢花飞花满天，红消香断有谁怜？"伴随着声声叹息，幽怨的眼神，温婉的转身，黛玉慢慢地卧下身去……黛玉之美在王秀玲的演绎下被呈现得细腻婉约、耐人寻味。王秀玲为这场戏设计的"卧鱼"技巧，深得观众喜欢，每每演到此刻，台下总是掌声不断。

在《红楼梦》演出之前，郑州、洛阳一带曲剧的腔调大多采用小调，有《阳调》《剪靛花》等十余支，《红楼梦》之后，曲剧开始流行融合了洛阳小调曲与南阳大调曲的新唱法。曲剧诞生于民间，唱腔和动作中都透露着乡土气息。对于《红楼梦》这样的文学名著而言，只用活泼欢快的小调曲不能完全呈现其氛围，而与南阳大调曲

1955年，王秀玲饰演的林黛玉

结合，则为演唱增添了韵味，能更好体现出其文化内涵。《葬花》一场中引入了大调曲《太湖》，更好地呈现出缠绵的悲凉感，表达了林黛玉的情感和生活境遇。一唱三叹，余音袅袅，王秀玲的唱腔自然带来一种伤感、忧郁的感觉。可以说她是真的走进了林黛玉的内心世界。

曲剧《红楼梦》一公演，王秀玲饰演的林黛玉就得到观众的认可，每天两场演

出，场场爆满，经常有观众带着被子半夜排队买票。王秀玲因此被观众誉为"活林黛玉"。曲剧《红楼梦》的成功，为曲剧打开了新局面。

二十岁以后艺术水平的提高，全靠这次学习

正在《红楼梦》大受好评之时，王秀玲得到了一次去北京学习的机会。这次学习让她结识了很多艺术界的前辈名家，对王秀玲得以自成流派起到至关重要的作用。学习班的班主任是梅兰芳，副班主任是程砚秋、罗合如，他们轮流授课。曲剧原来没有程式化的内容，动作、唱腔都来源于生活，学艺就是模仿，老艺人怎么扭，徒弟就怎么扭，既不懂什么是手眼身法步，也不懂什么是唱念做打。这次学习是王秀玲第一次系统地学习戏曲。

梅兰芳先生的教学精彩细致，让王秀玲终生难忘。光是练眼的方法，就讲了半天。梅先生家里养了一群鸽子，早上第一件事就是放飞鸽子。鸽子在天上飞，他的眼就盯着看，鸽子飞到哪儿，眼睛就看到哪儿，眼神就是这样练出来的。梅先生说戏曲表演中的眼神分很多种，有情眼，有怒眼，有含羞眼，有悲惨眼，有哭眼。眼睛是心灵的窗户，演员的眼神不到位，戏就演不好。

王秀玲特别刻苦，为了不浪费学习机会，这一年她除了吃饭、睡觉，其他的时间几乎都是在教室和练功房中度过的。王秀玲说："我二十岁以后艺术水平的提高，全靠这次学习。那时候是如饥似渴地学习，我就想曲剧怎么没这么多东西，非得把它学会。人家星期天出去玩儿，我都不出去玩儿，就在家练功，练完毯子功，练组合，因为我得把学的本领带回去。"毯子功就是踢腿、下腰、翻跟头、学台步、练组合。如今王秀玲仍然要求徒弟们认认真真练习毯子功，她说："演员中有个说法，一天不练功自己知道，两天不练功同行知道，三天不练功观众都看见了。"

学习结束之后，王秀玲的艺术水平提高不少，她把所学的本领带回了剧团，教给团里的年轻人。王秀玲深信台上一分钟，台下十年功。台下不用功，那些不扎实

的功夫拿到舞台上,都是昙花一现,没有持久力。所以,虽然年纪轻轻就小有名气,但王秀玲从不满足于现状,依旧踏实练功,不断学习。

人到中年,舞台上依然是少女

王秀玲一生饰演了很多角色,塑造了不少深入人心的经典角色,《风雪配》中的高秋芳就是其中之一。《风雪配》讲富商之女高秋芳择亲,不学无术的公子颜俊为骗婚,让表弟钱青冒名顶替,到高府应试相亲。钱青被选中,择日成婚。迎亲之日,钱青又被迫代为迎娶,不想天气突变,风雪交加,无奈二人改在高府成婚。花烛之夜,钱青有愧,坐到天明。颜俊得知二人拜堂,怒不可遏,状告钱青骗婚占妻。最后案情审明,颜俊被惩戒,钱青与高秋芳成就了美满姻缘。

1959年,河南省第二届戏曲观摩演出大会,郑州市曲剧团以《风雪配》参演,王秀玲在剧中扮演女主角高秋芳,荣获了演员一等奖。

这部戏中,王秀玲把闺门旦和花旦的表演巧妙结合,创造了闺门花旦这一行当,既有小家碧玉的细腻害羞,又有大家闺秀的娴雅端庄。曲剧能将闺门旦和花旦的表演结合,主要是因为王秀玲在曲剧表演中用了很多小衣包戏。小衣包戏的衣服都是短的,演员可以用"扭"来表现生活日常,表演俏皮生动,富有生活气息。这种表演风格的融入,让人物典雅端庄的同时又俏皮可爱。《风雪配》中《装箱》和《洞房》两场戏,王秀玲形象地塑造了既娴雅又可爱的高秋芳,步伐、动作还原出生活的真实样貌,体现出曲剧特有的乡村礼俗特点。

在表演中,王秀玲把从北京学到的那些花旦的四功五法都用上了,还创造了一个娃娃步,很受观众欢迎。在王秀玲的创作中,高秋芳的性格改变了很多,她不再是一个性格直率的疯丫头,而是一个通情达理、善解人意的姑娘。

1959年,郑州市曲剧团随河南省文化局进京汇报演出,再次表演《风雪配》,在北京掀起了观看河南曲剧的热潮。原计划演出十场《风雪配》,后来竟增加到五十场。

王秀玲说:"《风雪配》为啥能保持这几十年百演不衰? 就是它有东西,观众喜欢看,认可这个节目。所以这个戏从无到有,从长戏改成短戏,一步一步提高。演员就是这样,一出戏要千锤百炼。刚恢复《风雪配》的时候,我就犯了这个错误,《装箱》那场戏应该穿粉红色的衣服,可是衣服找不到了也没有去买,我就瞎穿个淡青的上去对付,谁知道场上嫂子穿个重青色的,一下子撞色了。当时没有想那么多,现在看着特别别扭,小姑娘还是应该穿粉红色。'宁穿破不穿错'就是这个道理。所以演员学东西要认真,半点儿马虎不得。"

如果说《风雪配》是王秀玲第一个在北京演火的曲剧,那《游乡》则是第二个。为了演好《游乡》中担货郎担的杜鹃,王秀玲来到农村挑大粪,反复练习动作,揣摩人物心理。这部戏在1964年中南五省戏曲观摩会中获得成功,随后在全国各地巡回演出。豫剧大师常香玉生前很欣赏王秀玲的表演:"秀玲的表演、唱腔与众不同,她演戏既通俗,又高雅,表演洒脱,唱腔迷人,是一位难得的好演员。"

《双美赞》是王秀玲演的最后一个小姑娘角色。年近五十的王秀玲本不想再演少女,但读了剧本之后感动落泪,想起以前慰问演出时看到的伤兵,心里感慨万分,最终接下了《双美赞》的演出。

《双美赞》是一出现代小戏,讲述金菊听闻被退婚,强忍着难过为未来公公挑水,妹妹和公公都指责"负心"的志宽,最后真相大白,原来是志宽在战场上受伤截肢,怕耽误金菊,才狠心退婚,最后两个心灵高尚的年轻人和好如初。

排练过程非常艰苦,王秀玲和导演反复商量每个动作、每句唱词,一点点地"抠戏"。有一个片段,金菊的公公气生病了,叫金菊回去拿药。排练时从舞台这头跑到那头,一个跑的动作就练了一个上午。王秀玲到现在也这样跟徒弟们说:"当时我快五十岁了,还这样跑、这样练,你们也要经常练,只有千锤百炼,戏才能成功。"

在舞台上,角色的内心、复杂的情绪都要通过演员的唱腔、手势来表现。动作和神态要演得生动,一是靠反复推敲练习,二是要有对生活的观察体会。王秀玲经常在生活中观察人的情绪表达,从高兴到失望再到生气,微妙的表情变化,她都一一记在心间,再把这些融入戏曲的表演中。反复观察,反复思考,反复练习,逐渐就运用自如了。王秀玲常开玩笑说:"要是不观察生活,少女就该演成中年妇女了。人年纪大了,性格也会变化,已经到中年了,再演少女真是不好演了。"

一生心血创造王派艺术

王秀玲从艺数十年,主演过一百多部戏,她的唱腔婉转柔和,扮相甜美俏丽,饰演的角色既典雅又细腻。她继承了曲剧质朴的表演风格,又融入了京剧、昆曲、粤剧等剧种的特点,最终形成了别具一格的王派艺术。

有这样一句话:"如果自己的琴师不在,很多名角儿都不张嘴。"戏曲演员的精彩表演离不开伴奏的默契配合。王秀玲的丈夫宋喜元十九岁与曲胡结缘,一生从事曲胡演奏事业,与王秀玲弦歌相伴了几十年,为她伴奏过一百多出剧目。宋喜元最懂王秀玲,他用"美魅娇脆"这四个字总结王派艺术的精髓。"美"指的是表演要有美感,形神兼备;"魅"是唱腔要自然流畅、生动传神,让角色充满魅力;"娇"指的是要表现出闺门旦的娇柔文雅和纯真可爱;"脆"指的是唱腔清脆悦耳,表演干净利落、恰到好处。王派艺术是王秀玲在数十年的舞台实践中形成的艺术积累,可以说是用尽了她一生的心血。

王秀玲的表演既传承了曲剧传统的俚俗之美,又吸收了京剧、昆曲、粤剧的细腻典雅之美,将诞生于乡村的曲子戏发展为雅俗融合的表演艺术。《红楼梦》和《风雪配》两出戏,可以说是王秀玲最具代表性的作品,其中她塑造的形象更是为曲剧表演带来了新的突破,让旦角这个行当更鲜活、生动。

几十年来,王秀玲还培养了一大批青年曲剧演员。在教学中,王秀玲对学生毫无保留,把自己的所学、所想全部传授给徒弟。王秀玲主张学生要超过老师,超不过老师的都不是好学生。王秀玲常跟徒弟们说，学演戏先学做人，真善美都在传统戏里表现出来，看戏看的不只是花红柳绿，更是善恶美丑。就像梅兰芳先生讲的："看我非我，我看我，我也非我。"演一个角色要钻进去，但不能忘了自己，这才叫创造角色。梅先生的话，王秀玲到现在也没忘，她说这些都是慢慢体会的，年轻的时候不理解，越演越觉得演戏有学问。

如今已经八十多岁高龄的王秀玲，还坚持亲自教学，一个动作、一句唱词地指导学生。由于身体原因，王秀玲的嗓子已经不能演唱了，但示范起动作，眉眼之间仿佛还是当年的那个小姑娘。自六岁登台，王秀玲与曲剧一起成长，一生见证了曲剧的发展。

戏里不知谁是我：

曾金贵与湘剧

全根先

曾金贵

曾金贵（1938—　），湖南桃江人，国家级非物质文化遗产代表性项目湘剧代表性传承人，国家一级演员。他出身梨园世家，1950年学舞台美术，1952年正式学戏，一直在长沙市湘剧团工作，师从贺华元、廖升翥等湘剧名家，工净行（花脸），成功塑造了众多舞台艺术形象，多次荣获全国或省级大奖。代表作品：《王台会兄》《访百袍》等。曾金贵1995年参加全国戏剧节，获文化部颁发的优秀演员奖（一等奖）。在前辈艺人勾脸技艺的基础上，结合自己的经验，绘制了湘剧的千面脸谱，两次举办京剧、湘剧脸谱对比展，获中共湖南省委宣传部颁发的特别奖。

唱戏的是疯子

看戏的是癫子

台上疯得不到位

台下癫得不起劲儿

湖湘大地的璀璨明珠

唐乾元二年(759)、大历三年(768),大诗人李白、杜甫先后游历湖湘大地,登临岳阳楼,极目远眺,留下千古名句,至今令人怀想。

在中华文化的大家庭里,湖湘文化极具地域特色。湖湘文化源于先秦时代的楚文化,经两汉南北朝、唐宋元明清,绵延不绝而气象万千,到近代更是"湖南人材半国中",是中华文明光彩夺目的璀璨明珠。

同样让人引以为傲的湘剧,数百年来名家辈出,薪火相传,有着湖湘文化活化石之美誉。

相传明洪武年间,长沙王朱梓依照金陵律制,在吉王府内蓄养家班,带来了弋阳腔,这便是湘剧四大声腔之一高腔的缘起。后来,随着昆腔、徽调、汉调相继传入长沙,湘剧逐渐成形,发展成为包括高腔、低牌子、昆腔、乱弹在内的多声腔剧种。与大多数戏曲一样,湘剧亦分为生、旦、净、丑四行,而其表演自成体系,独具特色,可谓"靠把惊人,花脸吓人,旦角媚人,小生爱人,小花脸笑死人"。

湘剧在清代一度颇为兴盛。晚清封疆大吏王文韶,曾在同治年间任湖南布政使、光绪年间任巡抚。他非常喜爱戏曲,经常带母亲观看湘剧。他与湘剧小生李芝云过从甚密,一时成为佳话。据说,李芝云"温文尔雅,丰姿飘洒,唱作俱佳而武功又冲。凡雉尾、文巾、罗帽、盔靠、穷生,无一不精"[1]。中国首位驻外使节、外交家郭

---

[1] 周贻白:《周贻白戏剧论文选》,湖南人民出版社,1982年,第440页。

嵩焘不仅在每次观看湘剧后记下演员姓名,而且对其表演进行评价。

不过,总体而言,新中国成立前,湘剧流传地区不是很广,主要集中于长沙、株洲、湘潭、益阳等城市,以及湘水、资水流域。《义勇军进行曲》作者田汉是长沙人,他说:"我故乡的这些艺人以前主要在省城或湘水流域活动,向北到过武汉,对日抗战中到过桂林,算最远的了。"[1]20世纪50年代,田汉曾带着湖南湘剧演员到北京汇报演出,党和国家领导人多次观看他们的演出,湘剧日益受到人们的喜爱。

梨园长大的"捡伢子"

1938年3月,曾金贵出生于湖南长沙藩城堤。这条小巷长约一百五十米,原本是明代吉王朱见浚王府的麻石防洪堤。这条防洪堤附近有一个吕祖庙,香火颇盛;还有一个大吉祥旅社,当年毛泽东、蔡和森、向警予等曾在这里策划和组织学生运动。

曾金贵的父亲是益阳桃江县人,后到长沙谋生。听家里人说,曾金贵出生那天,姐姐不小心把油灯弄灭了,母亲着急地用家乡话说:"汉老倌,捡起来。"湘乡话把"点燃""点亮"说成是"捡","捡"在长沙话中与"贱"是谐音,这样,他一生下来就有了一个小名,叫"捡伢子"。这个名字一直伴随着他,什么"捡哥""捡师傅",叫了一辈子,一直到今天。

他从小就受到了艺术熏陶。用他自己的话说,就是娘肚子里面听锣鼓,一个跟头掉到戏窝里。在他五岁生日那天,他家所在的戏班演《西游记》,剧中有一个情节,就是如来佛祖收服六耳猕猴。这里有一个机关,就是台中挖一个洞,大美猴王掉下去,把曾金贵演的小猴子从里面送上来,上面一个大钵罩住,大炮一响,台上硝烟四起,呛得他喷嚏打个不停。观众还以为他是在表演,戏班老板也说:"好,这是唱戏的料子!"还给了他五个铜板作为赏金。

---

[1] 范舟:《我说湘剧"八大员"》,《艺海》,2014年第4期,第26—30页。

他七岁那年,团里演《金水桥》。这个戏讲的是秦叔宝之孙秦英在金水桥钓鱼玩耍,恰逢国丈詹太师下朝鸣锣开道,惊跑了上钩的鲤鱼,秦英一怒之下打死太师的故事。那天,大幕拉开迟了,观众正喝倒彩。原来演秦英的演员中暑了,大家围着他,掐人中,救他。演员不能上台怎么办?大家一筹莫展。这时,一旁的曾金贵放开嗓子唱上了:"书房内闷坏了南山豹,满天愁云怎得消。"老板听到了,说道:"好,下面的戏都晓得啵?"他回答说:"记得!"就这样,他上台了,赢得了观众的喝彩。

演出结束,老板给了他十个铜板作为奖励。他高兴地回家,把十个铜板交给父亲,说道:"爸爸,这是老板给的!"没想到,他父亲一脸不高兴地说:"你逞什么能!"一个巴掌过来,把他都打懵了。他不明原委,声辩说:"我又没做错,我是救场,救场如救火,怎么还打我?"他父亲说:"你母亲说了,要我不叫你唱戏,她要我让你读书,不要成戏子!"旧社会唱戏的人地位很低,所以家里有好几年不让他学戏。

转益多师是吾师

1949年7月,中国人民解放军兵临长沙,国民党湖南省政府主席程潜、第一兵团司令陈明仁宣布起义,长沙和平解放。不久,曾金贵的父亲托人把他送到湘春园学戏。湘剧名伶黄元和在抗战胜利后重建湘春园戏院,并组织了湘剧社。新中国成立以后,黄元和邀请于金生、余福星夫妇和李福筠、彭福娥等参与经营,将剧团更名为群力湘剧团,1956年改组为长沙湘剧二团,为后来长沙湘剧团的前身之一。于金生是一名鼓师,自幼随父学习司鼓,年轻时就与父亲齐名,有"湘剧两于"的美誉。抗日战争时期,他和妻子余福星参加了田汉组织的湘剧抗敌宣传队第三队,在枪林弹雨中为前线将士演出。

曾金贵进入剧团以后,白天主要是读书,在剧团附近的学校直接读二年级了。为了混口饭吃,他晚上跑龙套,没有工资,这样持续了一年。剧团教武功的老师是黄元和,助教是朱庆红、傅明辉、李福艳。一开始,他练的都是基本功,练腿、下腰、翻跟头、打靶子等。

湘剧诸行当中，曾金贵为什么选择花脸呢？刚进团时，领导安排他学美工，画布景，后来开始画脸谱。因为有画布景的基础，画脸谱对他来说并不难。当时，团里有几位老师，像杨绍奎、胡玉芳，年纪比较大了，曾金贵便给他们画。脸盘大的，他觉得画起来很过瘾。后来，要正式定行当了，老生崔凤棠对他说："来来来，我教你《仁贵回窑》！"他就学《仁贵回窑》。花脸杨绍奎对他说："来来来，我和朱庆红合作，我教唱腔，朱庆红教你身段！"朱庆红的功夫好，教的是《五台会兄》。这样，曾金贵就把老生、花脸都学了。

然而，他究竟选什么？不知道。两个老师还较上劲儿了。崔凤棠说："你是天生唱老生的，形象个头、身材体质，加上你的嗓子，唱老生最好。"杨绍奎说："要学就学花脸，花脸出场一声吼，龙吟虎啸，几多威武！现在花脸少，学了就可以唱，他老生还有那么多，轮不到你。"他们较上劲儿了。怎么办？曾金贵灵机一动，就到对门理发店去理了发，回到团里，大家一看，剃了一个光头。哦！大家心知肚明，原来他决心要唱花脸了。行当就这么定了下来。

《五台会兄》这个戏，学起来并不容易。跟京剧不同，京剧是铜锤，坐下来唱，没什么功夫，可是湘剧《五台会兄》，唱、做、念都有，还要耍禅杖，每个人物上场，都要有一个造型。这个戏，罗元德先生演得最好。1954年，他们剧团到长沙演这个戏，正好罗先生也在长沙演这个戏，曾金贵就跑去请教。罗先生说："各种戏都要会。你年轻，要从二花脸递增上大花脸，不能一步到位。你个子比较高，是唱大花脸的坯子，先唱戏，练好功。大花脸稳重沉着，如廉颇、项羽、张飞这样，气势较大；二花脸弱一些，多是年轻人或中年人。"曾金贵从二花脸转到大花脸，是几年以后的事了。

此外，曾金贵还跟贺华元先生学戏。贺先生德高望重，是戏校科班出身，田汉称他是"模范学生"，学成后留校，辅导低年级学生。贺先生戏演得好，有几个戏班争着请他，他成了红人，人品还好。贺先生说："从师一人，参师千万。一个老师不可能什么戏都唱得好，你要广采博纳，兼收并蓄，才能厚积薄发。"贺先生没有门户之见,教他高腔,又让他跟别的老师学。贺先生的绝技是"打金砖"。金銮殿上,他一踩,砖蹦起来,一下子把太监的帽子打下来,不轻不重,刚刚好。这是一绝。贺先生对曾金贵说:"三分本事七分德,走遍天下都去得。"

曾金贵演出剧照

贺先生有一件事让曾金贵印象深刻。1958年,他们到福建慰问演出,演《杨家将》。欢迎宴会上,贺先生喝多了,领导安排曾金贵顶角。没想到,演出开始前,贺先生已化好妆,穿好服装,坐在那里闭目养神。上场时,贺先生一拐腿,再把髯口一撕,丝毫不差,四平八稳,让大家都没想到! 有人说贺先生是"戏神附体",可他却说:"什么神啊,神在这里! 我是代表湖南人民来慰问的,我要酒醉心里明,哪能出错啊!"

廖升霭先生是长沙人,工净行(花脸),是渌口庆升科班出身,民国初年湘剧六大名净之一,与徐初云、贺华元齐名。廖先生的唱腔嗓音洪亮,吐字清晰,表演细腻。特别是他的高腔,雄浑淳厚,能融合湘剧花脸的虎音,以生行的发声、润腔来演唱,形成了湘剧净行的演唱特点。他在《访白袍》中饰演尉迟恭,其演唱字正腔圆,声情并茂。曾金贵后来撰文,记下了廖先生花脸唱工口诀:"唱功不巧,练熟就好。先字后腔,运气重要。轻唱找咪,高唱随调。依据条件,自己创造。抑扬顿挫,神情先到。花脸是人,切记乱叫。"[1]

---

[1] 曾金贵:《"榜眼"花脸廖升霭》,《湘城文华录》(下册),长沙市政协文史委员会、长沙市文化局编,1997年,第349页。

梦中方晓我是谁

《聊斋志异》的作者蒲松龄有句名言:"书痴者文必工,艺痴者技必良。"曾金贵取得的艺术成就,首先来自他的勤奋,可以说他学戏到了痴迷的程度。有一天早晨起来,父亲对他说:"捡伢子,今天我带你去看病。"他说:"我为什么要去看病?"父亲说:"你昨天晚上起来,发梦癫了!"其实,他是在梦中学戏、唱戏。隔壁卖鞭炮的人对他说:"这个戏是贺(华元)老的拿手戏,你都敢演呐?"所以,他就有了压力,时时琢磨怎么把戏演好,结果想到了加一些创新的东西。演出时,下魁星楼,他用梭步蹿下,而且还翻一台蛮(侧身翻)。演这个戏,让他获得了优秀奖。

曾金贵不仅学了好多戏,而且还自己改编剧本,自己导演。1958年,湘剧团团长余福星找到他和他的岳母彭福娥,要他把《金丸记》中《摸包认母》这出戏改一下。当时,他学戏不久,觉得自己路还没走稳,不敢答应。可是,团长说:"我们三个,还就你能写写,我们写字都困难,这事非你不可!"就这样,曾金贵用了一个星期时间,终于把初稿写出来了。这是他第一次参与戏剧创作。这个戏上演后,上座率还很高。《拨火棍》是曾金贵导演的一出戏,也是在1958年。他自己改戏,设计动作,而且还教别人。1960年,曾金贵参加湖南省戏剧会演,获得了优秀青年演员奖。第二年,他又成功演出了《访白袍》,获得湖南省青年优秀演员、长沙市青年表演艺术家等称号,他的照片还与贺华元、徐绍清、彭俐侬、余福星等湘剧艺术家的照片一起,摆放在了长沙展览馆。

曾金贵虽然专攻净行,然而因历史原因,从1963年到1973年,他没有唱过一句花脸戏,扮演的都是李玉和、杨子荣、郭建光、洪常青等革命现代戏中的人物,既有老生、武生,又有小生,却与花脸不沾边。在传统湘剧中,经常是女的扮演男的,可是在现代戏中,哪个导演能让女的来演杨子荣、李玉和、洪常青、郭建光这样的英雄人物?曾金贵本来是唱黑头(花脸的一种)的,功夫又好,有阳刚气质,把唱念做打这些综合运用起来,表现得非常到位。他演《红灯记》中的李玉和,把蹉步、跨腿、劈腿这些动作一亮,有的京剧演员都做不好,而他却非常娴熟。

1994年,曾金贵还参加了湘剧《布衣毛润之》的演出。他演的是民国时期湖南省省长赵恒惕。赵恒惕是举人出身,日本陆军士官学校毕业,曾任湘军总司令,是个反派人物。在这出戏中,曾金贵用老生和黑头的唱法演唱,显得时阴时阳,颓废中有挣扎,与扮演毛润之的演员形成鲜明的对比,把戏中的矛盾冲突表现得淋漓尽致,引得观众阵阵喝彩。这出戏后来到北京演出,好评如潮。

在长达七十余年的艺术生涯中,曾金贵在湘剧舞台上饰演过众多的人物形象。他艺术根基深厚,声腔丰富多彩,表演独具特色。湘剧花脸分大花脸、二花脸、紫脸等,大花脸要求文武兼备,高乱昆低诸腔兼备;二花脸要有跌打翻扑的武功基础,身手矫健;紫脸以唱为主,声腔高亢,以夹音(假声)演唱。不仅如此,湘剧花脸还有笑、叫、跳三种功夫,"笑"是指扮演者要风趣幽默,叫是指花脸特有的用嗓方法,跳是指舞蹈动作。湘剧花脸流派众多,而诸项全能者却寥若晨星,曾金贵便是其中之一。正因为如此,有人专门写诗评价他的艺术:"大花二花并三花,且庄且谐任由他,老戏新戏现代

曾金贵表演照

戏,耐人寻味耐人夸。"他的戏尽显世间百态,充分体现了湖湘人的性格特征。

曾金贵一专多能,多才多艺,其中最值得称道的,则是他画的湘剧脸谱。曾金贵的书房中、书柜里都是他亲手画的脸谱,墙上挂着他画的钟馗。他的工笔重彩钟馗造像,一反世俗的多用黛青,而是多用绯红,以显祥瑞、正气,这种创新已为大家所接受。他画的西楚霸王的"两行泪痕"、魏延的"三片反骨"、张飞的"豹头环眼"等,把人物的性格特征画在脸上,已逐渐成为湘剧的文化符号。而这一切,都源自他对湘剧的热爱,以及对于家乡艺术的一片深情。他家中藏有两枚印章,一为"戏里不知谁是我",一为"梦中方晓我是谁",这正是他对湘剧热爱之情的最好表达。

立志梨园献终生

一门艺术能够长盛不衰,靠的是薪火相传。当代作家王蒙说:"由于有所共鸣和传承,人类才不至于过分地迷失和绕圈子走老路;由于有所区别,人类才会发展。"在曾金贵的艺术生涯中,他得益于许多名师的指导培养,他又将自己的艺术经验无私地传授给他人,这里有成功的喜悦,也有失败的教训。20世纪50年代末,他还是青年演员时,就教人花脸,可惜这些学生后来都改行了,没有一个留下来。后来,他教了一批又一批,由于戏曲一度不景气,演员待遇低,人才流失现象十分严重。

在他教过的学生中,王阳娟是成就突出的一位。她现在是湖南省湘剧院院长、湖南省戏剧家协会主席,2000年获中国戏剧梅花奖。2005年,在庆祝湘剧名家董武炎先生八十大寿时,王阳娟正式拜曾金贵为师。

在曾金贵教过的学生中,邹俊雄是比较特殊的一位。湘剧行当中,花脸尤其是黑头演员不好找。黑头的个子要高一点儿,嗓门儿要宽一点儿,身体要壮实一点儿,对于演员的条件,要求是比较苛刻的,像张飞、鲁智深这样的形象,要高大威猛,要有气势。一天,邹俊雄的父母带着他来到曾金贵家,一进门,就说是特意来拜师的。曾金贵一看,邹俊雄又高又胖,像个唱花脸的,一喊也可以,可是让他唱两句,就总是跑调。曾金贵看他们十分诚恳,不好意思拒绝,就对邹俊雄的父母说:"这样,我教一段唱,一个月唱好了,我就收他。"

邹俊雄乐感不好,容易跑调,他就一句一句教。有时候,一天就只教一句。他说:"你要是一句能一天学好,就不错了。"经常是一段唱词,要反复教好多天,就在他家里教。他自己不觉得,楼下的邻居却说:"曾老师,您老做好事咯,莫害得我们耳朵受罪咯!"可是,他还是耐心地教。他觉得,不能把花脸这个行当弄没了,好不容易有一个主动愿意学习的,还是耐心地教吧!湘剧《五台会兄》这出戏,他花了七八个月把邹俊雄教会了,连唱带动作都教会了。一次,彩排的时候,董武炎先生说:"曾金贵,你是个打铁的吧,你把他转了钳啦!"这是长沙话,意思是把他掰过来了,这出戏总算唱成了。

曾金贵还带病甚至冒着一定风险上台演出。一天,要上演《薛刚反唐》,那时他

曾金贵教学场景

刚做过盲肠炎手术。而《薛刚反唐》这出戏，不仅要唱，动作幅度还大，对他来说难度不小。上台演出前，他的妻子很担心，还从外面叫来了一辆救护车。上场前，他吃了五粒救心丸。演出结束后，妻子对他说："我心里充满恐慌，直到你一出场，一开唱，提到嗓子眼儿的心才沉下去，心才安定下来。"那天有好多湘剧票友，一位九十二岁的老人连声对他说"谢谢"！

2012年，曾金贵还亲自改编、导演了神话剧《斩三妖》。《斩三妖》讲的是《封神演义》中姜子牙斩妖的故事，三妖指九尾狐、九头雉鸡和玉石琵琶精。这出戏首场演出后，一位九十多岁的老观众向他敬礼，激动地说："曾老师，我几十年没有看过这出戏了，你把它挖出来，演新了、演活了，感谢你啊！"是的，这就是文化传承。如今，曾金贵虽早已退休，可他依然不遗余力地为湘剧的传承发展发挥余热，令人敬佩！

有一位记者问曾金贵："曾老师，能否用一个字形容你的艺术人生。"他回答说："用一个字不行，得三个字。第一个字，学！这是年轻时期。中年，唱！那时唱了好多戏，跨行当的戏。第三个字，玩！写字、画画、画脸谱、做根雕、刻章、写诗词文章，这都是属于玩，还有传承教学，都是玩。"他还写过一首诗，概括自己的从艺经历，抒发自己的情怀：

> 幼年习艺心虔诚
> 勤学苦练忘晨昏
> 崭露头角夺魁首
> 立志梨园献青春

人包戏，琴包人：

刘景春与凌源皮影戏

邢超